저자 김수진

쉽고 빠르게

かるがる

카루가루 일본어

2

PAGODA Books

쉽고 빠르게

카루가루 일본어

초판 1쇄 인쇄 2025년 1월 3일
초판 1쇄 발행 2025년 1월 10일

지 은 이 | 김수진
펴 낸 이 | 박경실
펴 낸 곳 | **PAGODA Books** 파고다북스
출판등록 | 2005년 5월 27일 제 300-2005-90호
주 소 | 06614 서울특별시 서초구 강남대로 419, 19층(서초동, 파고다타워)
전 화 | (02) 6940-4070
팩 스 | (02) 536-0660
홈페이지 | www.pagodabook.com

ISBN 978-89-6281-924-3 (13730)

파고다북스 www.pagodabook.com
파고다 어학원 www.pagoda21.com
파고다 인강 www.pagodastar.com
테스트 클리닉 www.testclinic.com

낙장 및 파본은 구매처에서 교환해 드립니다.

한국인에게 있어서 일본어는 처음에 요령만 제대로 파악하면 빨리 익히고 바로 사용하기도 쉬운 언어입니다.

그런데, 요령을 찾기도 전에 일본어를 어렵다고 오해하며 아깝게 시간을 보내고 있지는 않나요?

이 책은 일본어의 요령을 파악하기도 전에 끝나버리는 만년 초급의 패턴에 빠지지 않기 위해, 가장 중요한 기초를 심플하게 이해하고, 실제로 심플하게 사용해 본 후, 혼자서도 응용하기 쉽게 만들었으며, 일본어의 인풋과 아웃풋의 밸런스에 중점을 두었습니다.

이 책을 통해, 공부만 하는 일본어에서 벗어나 상황에 맞춰 실제로 사용해 보고 말해보는 기쁨을 느낄 수 있기를 바랍니다.

끝으로 이 책을 출간하기까지 많은 분들의 도움이 있었습니다.

항상 지지와 격려를 아끼지 않으시는 박경실 회장님, Pagoda Books의 든든한 최은혜 매니저님과 출판사 여러분들, 감수로 수고해 주신 파고다 학원의 일본어과 선생님들과 김유진 선생님께도 감사드립니다.

저자 **김수진**

かるがる(카루가루)는 **'가뿐히, 거뜬히, 간단히'**를 뜻하는 일본어입니다.

카루가루 단어

각 과에서 학습할 주요 단어입니다.
더욱 기억하기 쉽도록 생생한 그림과 함께 제시했습니다.

카루가루 포인트

기초 일본어를 마스터하기 위해
꼭 알아둬야 할 문법/문형을 정리했습니다.

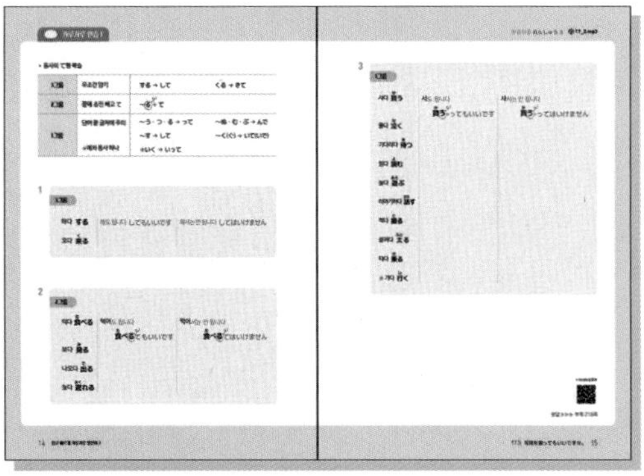

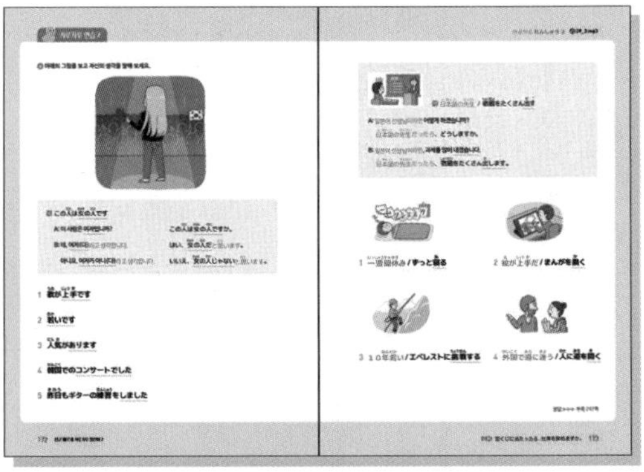

카루가루 연습 1

단어를 교체하며 주요 패턴을 연습합니다.
직관적이고 간단한 반복 연습을 통해 문형 활용을
훈련해 봅시다. 반복 쉐도잉 음원을 활용하면 더 좋습니다.

카루가루 연습 2

연습 1에서 한 단계 더 확장해보는 연습입니다.
예시 대화를 참고하여 말해 보세요. 주어진 정보를 바탕으로
문장을 만들며 실전 같이 대화를 이어가는 감각을 익힙니다.

어려운 문제를 간단히 풀어내고, 무거운 짐을 가뿐히 들어 올리는 모습을 상상해 보세요.
여러분도 일본어 기초를 쉽고 빠르게, 가뿐하게 마스터할 수 있습니다!

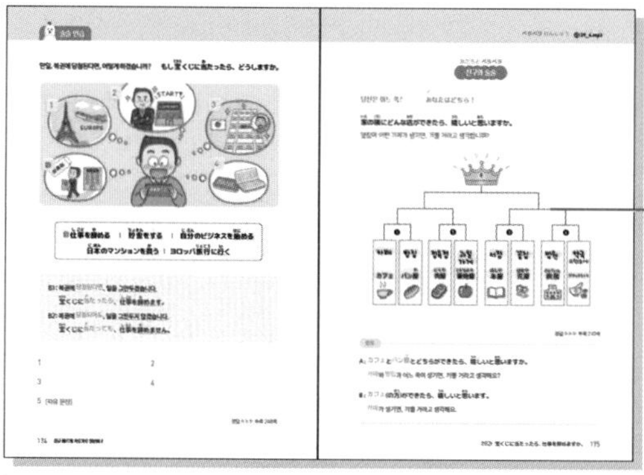

친구와 술술

함께 연습할 수 있는
스터디메이트가 있다면
간단한 놀이 활동을 함께 즐겨보세요.

술술 연습

연습 1, 2를 거쳐 주요 문형 말하기가 익숙해졌다면, 한층 더 통합적인 회화 스킬을 다져볼 기회입니다. 앞에서 익힌 단어와 문형을 사용해 일본어로 술술~ 말해 보세요.

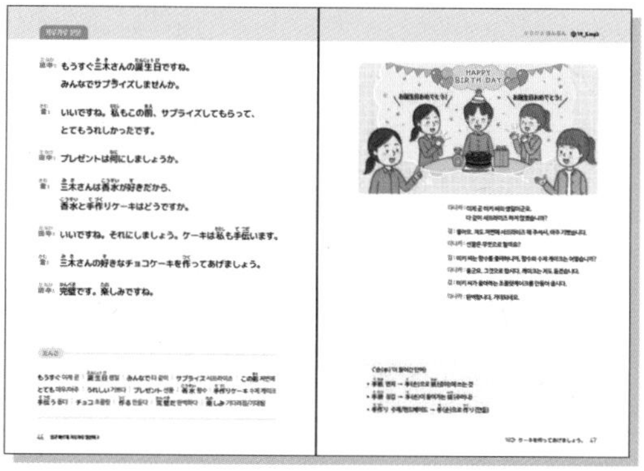

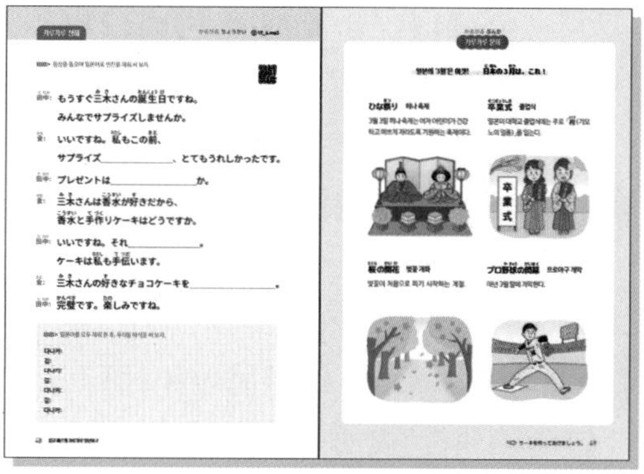

카루가루 본문

앞에서 연습한 내용들이 실생활에서 어떻게 적용되는지
회화 본문을 통해 확인해 보세요.
본문의 주제와 관련된 짤막한 이야기가 더해져서
일본어 공부가 더욱 흥미로워집니다.

카루가루 청해 & 카루가루 문화

본문을 학습한 후에는 음원을 들으며 빈칸을 채워 써 봅니다.
귀가 트임과 동시에 각 과를 알차게 복습할 수 있습니다.
마지막으로 그림과 함께 소개된 다양한 일본의 문화를 살펴봅니다.

4코스

부가 학습자료 활용하기!

01 학습 플랜

시작이 반이다! 구체적인 목표 설정

일본인 친구 사귀기, 자막 없이 드라마 보기 등 일본어를 배워서 무엇을 하고 싶은지 구체적인 목표를 설정해 보세요. 그리고 목표 달성을 위해 적절한 학습 계획을 세워 보세요. 10쪽에 수록된 권장 플랜에 따라도 좋고, 자신의 여건에 맞게 설정해도 좋아요.

02 원어민 음성

기본 음원과 훈련 음원으로 귀와 입 트이기!

각 과의 음원 QR 코드를 스캔하면 순서대로 재생되며, 홈페이지에서는 개별음원도 다운로드할 수 있습니다. 특히, '카루가루 연습 1'의 쉐도잉 훈련을 따라 말하면서 주요 문형을 완전히 내 것으로 만들어 보세요.

MP3 다운로드

03 무료 포인트 강의

저자 직강으로 포인트만 쏙쏙!

저자가 핵심만 골라 설명해 드려요. 각 과의 첫 페이지에 있는 영상 QR 코드를 스캔해 보세요. 공부를 시작하기에 앞서 요점을 짚어 보고, 본격적인 학습에 들어갑니다.

유튜브 채널

* 유료 온라인 강의 수강을 희망하시는 분들은 할인권을 이용해 보세요.

04 독학용 풀이집

혼자서 공부해도 걱정 없이!

독학으로 공부하는데, 체계적으로 배워보고 싶은 분들도 어서 오세요. 친절하고 명쾌한 설명이 담긴 풀이집을 무료로 제공합니다. 간단한 TEST도 수록되어 있으니, 복습을 겸해 배운 내용을 점검해 보세요.

풀이집 PDF

05 단어장

어휘력 향상은 외국어 학습의 근본!

각 과의 학습을 시작하기 전에, 혹은 학습을 마친 후에 단어장을 이용해 예습·복습해 보세요. 기초 일본어에서 필수로 알아둬야 할 단어들을 엄선하여 책을 구성했습니다.

단어장 PDF

06 단어시험지 자동 생성기

외워둔 단어는 수시로 테스트!

홈페이지에서 무료로 이용할 수 있어요. 테스트하려는 범위와 문항 수를 직접 설정하고 '단어시험지 생성'을 클릭하면 완성! 횟수 제한 없이, 암기한 단어를 언제든지 마음껏 점검해 보세요.

시험지 생성기

07 강의용 프레젠테이션

선생님들을 위한 수업자료!

교재 내용과 음원을 담은 강의용 교안 PPT 파일을 이용해 더욱 간편하게 수업을 준비해 보세요. 오른쪽 QR코드로 접속 후, 신청서를 작성하시면 보내드립니다.

PPT 신청

* 권장 학습 플랜 * 나의 학습 플랜

DAY 01	____월 ____일	p. 12~23 ☐ 포인트 강의 ☐ self 단어 시험	☐ 쉐도잉 훈련 ☐ 독학용 풀이집	p. ______
DAY 02	____월 ____일	p. 24~35 ☐ 포인트 강의 ☐ self 단어 시험	☐ 쉐도잉 훈련 ☐ 독학용 풀이집	p. ______
DAY 03	____월 ____일	p. 36~49 ☐ 포인트 강의 ☐ self 단어 시험	☐ 쉐도잉 훈련 ☐ 독학용 풀이집	p. ______
DAY 04	____월 ____일	p. 50~63 ☐ 포인트 강의 ☐ self 단어 시험	☐ 쉐도잉 훈련 ☐ 독학용 풀이집	p. ______
DAY 05	____월 ____일	p. 12~63 ☐ 17~20과 복습 ☐ 독학용 풀이집 test	☐ self 단어 시험	p. ______
DAY 06	____월 ____일	p. 64~77 ☐ 포인트 강의 ☐ self 단어 시험	☐ 쉐도잉 훈련 ☐ 독학용 풀이집	p. ______
DAY 07	____월 ____일	p. 78~89 ☐ 포인트 강의 ☐ self 단어 시험	☐ 쉐도잉 훈련 ☐ 독학용 풀이집	p. ______
DAY 08	____월 ____일	p. 90~103 ☐ 포인트 강의 ☐ self 단어 시험	☐ 쉐도잉 훈련 ☐ 독학용 풀이집	p. ______
DAY 09	____월 ____일	p. 104~115 ☐ 포인트 강의 ☐ self 단어 시험	☐ 쉐도잉 훈련 ☐ 독학용 풀이집	p. ______
DAY 10	____월 ____일	p. 64~115 ☐ 21~24과 복습 ☐ 독학용 풀이집 test	☐ self 단어 시험	p. ______

DAY 11	____월 ____일	**p. 116~127** ☐ 포인트 강의 ☐ self 단어 시험	☐ 쉐도잉 훈련 ☐ 독학용 풀이집	p. ________
DAY 12	____월 ____일	**p. 128~141** ☐ 포인트 강의 ☐ self 단어 시험	☐ 쉐도잉 훈련 ☐ 독학용 풀이집	p. ________
DAY 13	____월 ____일	**p. 142~153** ☐ 포인트 강의 ☐ self 단어 시험	☐ 쉐도잉 훈련 ☐ 독학용 풀이집	p. ________
DAY 14	____월 ____일	**p. 154~167** ☐ 포인트 강의 ☐ self 단어 시험	☐ 쉐도잉 훈련 ☐ 독학용 풀이집	p. ________
DAY 15	____월 ____일	**p. 116~167** ☐ 25~28과 복습 ☐ 독학용 풀이집 test	☐ self 단어 시험	p. ________
DAY 16	____월 ____일	**p. 168~179** ☐ 포인트 강의 ☐ self 단어 시험	☐ 쉐도잉 훈련 ☐ 독학용 풀이집	p. ________
DAY 17	____월 ____일	**p. 180~191** ☐ 포인트 강의 ☐ self 단어 시험	☐ 쉐도잉 훈련 ☐ 독학용 풀이집	p. ________
DAY 18	____월 ____일	**p. 192~203** ☐ 포인트 강의 ☐ self 단어 시험	☐ 쉐도잉 훈련 ☐ 독학용 풀이집	p. ________
DAY 19	____월 ____일	**p. 204~215** ☐ 포인트 강의 ☐ self 단어 시험	☐ 쉐도잉 훈련 ☐ 독학용 풀이집	p. ________
DAY 20	____월 ____일	**p. 168~215** ☐ 29~32과 복습 ☐ 독학용 풀이집 test	☐ self 단어 시험	p. ________

17과 写真(しゃしん)を撮(と)ってもいいですか。

사진을 찍어도 됩니까?

17과 포인트강의

17과 음원 듣기

かるがる たんご 15
카루가루 단어 15

17_1.mp3

録音(ろくおん)をする
녹음을 하다

ケガをする
다치다/부상 당하다

電話(でんわ)に出(で)る
전화를 받다

パスワードを忘(わす)れる
비밀번호를 잊다

お金(かね)を借(か)りる
돈을 빌리다

授業(じゅぎょう)に遅(おく)れる
수업에 늦다

たばこを吸(す)う
담배를 피우다

泣(な)く
울다

電話番号(でんわばんごう)を聞(き)く
전화번호를 물어보다

無(な)くす
(물건을) 잃다

休(やす)む
쉬다

バイクに乗(の)る
오토바이를 타다

メールを送(おく)る
메일(문자)을 보내다

写真(しゃしん)を撮(と)る
사진을 찍다

太(ふと)る
살찌다

그 외에 알아두면 좋은 단어

動画(どうが) 동영상　**途中(とちゅう)で** 도중에　**授業中(じゅぎょうちゅう)** 수업 중　**ポップコーン** 팝콘

また 또　**お水(みず)** 물　**たくさん** 많이　**トイレ** 화장실

1

とって	찍고/찍어서/찍어
↓	
とっても + いいです	찍어도 됩니다
↕	
とっては + いけません	찍어서는 안 됩니다

▶ 동사 て형 + も + いいです　~해 + 도 + 됩니다
동사 て형 + は + いけません　~해서 + 는 + 안 됩니다

- 사진을 찍어도 됩니까?　写真(しゃしん)を撮(と)ってもいいですか。
- 네, 찍어도 됩니다.　はい、撮(と)ってもいいです。
- 아니요, 찍어서는 안 됩니다.　いいえ、撮(と)ってはいけません。

2

わすれて 잊고/잊어서/잊어	→	わすれて + しまう 잊어버리다
なくして 잃고/잃어서/잃어	→	なくして + しまう 잃어버리다

▶ 동사 て형 + しまう　~해 버리다

- 약속을 잊어버렸습니다.　約束(やくそく)を忘(わす)れてしまいました。
- 우산을 잃어버렸습니다.　傘(かさ)を無(な)くしてしまいました。

• 동사의 て형 복습

3그룹	무조건 암기	する → して	くる → きて
2그룹	끝에 る만 빼고 て	~る+て	
1그룹	단어 끝 글자에 주의	~う・つ・る → って	~ぬ・む・ぶ → んで
		~す → して	~く(ぐ) → いて(いで)
	★예외 동사 하나	★いく → いって	

1

3그룹

하다 する	해도 됩니다 **してもいいです**	해서는 안 됩니다 **してはいけません**
오다 来る(く)		

2

2그룹

먹다 食(た)べる	먹어도 됩니다 食(た)べるてもいいです	먹어서는 안 됩니다 食(た)べるてはいけません
보다 見(み)る		
나오다 出(で)る		
늦다 遅(おく)れる		

3

1그룹

	사도 됩니다	사서는 안 됩니다
사다 **買(か)う**	買(か)う+ってもいいです	買(か)う+ってはいけません
울다 **泣(な)く**		
기다리다 **待(ま)つ**		
읽다 **読(よ)む**		
놀다 **遊(あそ)ぶ**		
이야기하다 **話(はな)す**		
찍다 **撮(と)る**		
살찌다 **太(ふと)る**		
타다 **乗(の)る**		
★가다 **行(い)く**		

17과 쉐도잉 훈련

정답 ▶▶▶ 부록 218쪽

카루가루 연습 2

예 電話(でんわ)に出(で)る | 映画(えいが)を見(み)て泣(な)く | 録音(ろくおん)をする | たばこを吸(す)う
写真(しゃしん)を撮(と)る | 途中(とちゅう)でトイレに行(い)く | ポップコーンを食(た)べる

예 A: 영화관에서 전화를 받아도 됩니까? 映画館(えいがかん)で電話(でんわ)に出(で)てもいいですか。

B: 아니요, 받아서는 안 됩니다. いいえ、出(で)てはいけません。

1

2

3

4

5

6

예 パスワードを忘(わす)れる

A: 무슨 일입니까? どうしたんですか。

B: 비밀번호를 잊어버렸습니다. パスワードを忘(わす)れてしまいました。

1 スマホを無(な)くす

2 授業(じゅぎょう)に遅(おく)れる

3 ケガをする

4 5キロ太(ふと)る

정답 ▶▶▶ 부록 218쪽

예 電話番号(でんわばんごう)を忘(わす)れる / また聞(き)く

A: 무슨 일입니까? どうしたんですか。

B: 전화번호를 잊어버렸습니다. 電話番号(でんわばんごう)を忘(わす)れてしまいました。

죄송하지만, 또 물어봐도 됩니까? すみませんが、また聞(き)いてもいいですか。

A: 네, 좋아요. はい、いいですよ。

1 さいふを無(な)くす / お金(かね)を借(か)りる

2 授業(じゅぎょう)に遅(おく)れる / 一緒(いっしょ)にタクシーに乗(の)る

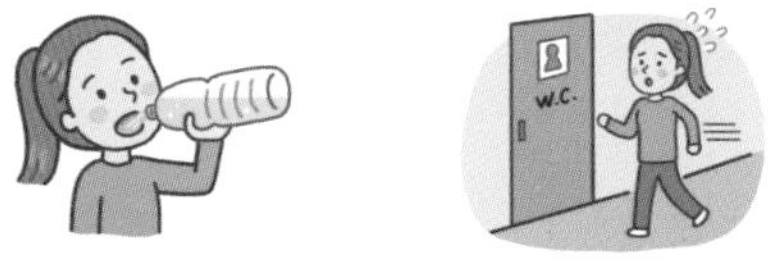

3 ケガをする / 今日(きょう)休(やす)む

4 お水(みず)をたくさん飲(の)む / トイレに行(い)く

정답 ▶▶▶ 부록 219쪽

友だちと ペラペラ

친구와 술술

당신은 고등학교 선생님!　　あなたは高校(こうこう)の先生(せんせい)！

1. 학생들의 질문에 "해도 됩니다", 또는 "해서는 안 됩니다"로 대답하기.

❶  **バイクに乗(の)る** 오토바이를 타다

❷  **たばこを吸(す)う** 담배를 피우다

❸  **お酒(さけ)を飲(の)む** 술을 마시다

❹ 

授業中(じゅぎょうちゅう)に寝(ね)る 수업 중에 자다

❺ 

授業中(じゅぎょうちゅう)にまんがを読(よ)む 수업 중에 만화를 읽다

❻ 

夜(よる)１２時(じ)に先生(せんせい)にメールを送(おく)る 밤 12시에 선생님에게 문자를 보내다

정답 ▶▶▶ 부록 220쪽

힌트

先生(せんせい)！バイクに乗(の)ってもいいですか。　　선생님! 오토바이를 타도 됩니까?

金(きむ): 先生(せんせい)、トイレに行(い)ってもいいですか。

先生(せんせい): 授業中(じゅぎょうちゅう)に行(い)ってはいけません。

金(きむ): すみません。朝(あさ)お水(みず)をたくさん飲(の)んでしまいました。

先生(せんせい): それは仕方(しかた)ないですね。今回(こんかい)だけですよ。

金(きむ): はい、わかりました。

たんご

トイレ 화장실 | 行(い)く 가다 | 授業中(じゅぎょうちゅう) 수업 중 | 朝(あさ) 아침 | お水(みず) 물 | たくさん 많이
飲(の)む 마시다 | それは 그것참 | 仕方(しかた)ない 어쩔 수 없다 | 今回(こんかい)だけ 이번만 | わかる 알다

김 : 선생님, 화장실에 가도 됩니까?

선생님 : 수업 중에 가서는 안 됩니다.

김 : 죄송합니다. 아침에 물을 많이 마셔버렸습니다.

선생님 : 그것참 어쩔 수 없군요. 이번만입니다.

김 : 네, 알겠습니다.

〈화장실 표현〉

- トイレ (화장실의 영어 표현)
- お手洗(てあら)い (화장실의 일본 표현)
- 化粧室(けしょうしつ) (격식 있는 장소에서 주로 사용하는 표현)

음성을 들으며 일본어로 빈칸을 채워 써 보자.

金(きむ): 先生(せんせい)、トイレに＿＿＿＿＿＿＿＿＿＿＿＿＿＿。

先生(せんせい): 授業中(じゅぎょうちゅう)に＿＿＿＿＿＿＿＿＿＿＿＿＿＿。

金(きむ): すみません。

朝(あさ)お水(みず)をたくさん＿＿＿＿＿＿＿＿＿＿＿＿＿＿。

先生(せんせい): それは仕方(しかた)ないですね。今回(こんかい)だけですよ。

金(きむ): はい、わかりました。

일본어를 모두 채워 쓴 후, 우리말 해석을 써 보자.

김:

선생님:

김:

선생님:

김:

일본의 '1월'은 이것!　日本(にほん)の１月(がつ)は、これ！

おせち料理(りょうり)　설날 음식

길한 의미가 담긴 음식들만「重箱(じゅうばこ)(찬합)」에 담는다.

お年玉(としだま)　세뱃돈

일본의 세뱃돈은 신권으로, 홀수의 금액으로만 준비해야 한다.

福袋(ふくぶくろ)　복주머니 (럭키박스)

연초에 상점 등에서 대폭 할인된 가격으로, 내용물은 모른 채로 구매한다.

成人式(せいじんしき)　성인식

１月第２月曜日(いちがつだいにげつようび)　1월의 2번째 월요일

18과 今(いま)、何(なに)をしていますか。

지금, 무엇을 하고 있습니까?

18과 포인트강의

18과 음원듣기

かるがる たんご 10+7

카루가루 단어 10+7

18_1.mp3

拍手(はくしゅ)をする 박수를 치다

おしゃべりをする 수다를 떨다

和食(わしょく)を食(た)べる 일식을 먹다

英語(えいご)を教(おし)える 영어를 가르치다

ジムに通(かよ)う 헬스클럽에 다니다

高校(こうこう)で働(はたら)く 고등학교에서 일하다

オンラインで習(なら)う 온라인으로 배우다

ピアノを弾(ひ)く 피아노를 치다

ゆっくり休(やす)む 푹 쉬다

踊(おど)る 춤추다

ぼうしをかぶる 모자를 쓰다

めがねをかける 안경을 쓰다

ズボンをはく 바지를 입다

ネックレスをする 목걸이를 하다

セーターを着(き)る 스웨터를 입다

かばんを持(も)つ 가방을 들다

くつをはく 신발을 신다

그 외에 알아두면 좋은 단어

赤(あか)い 빨갛다　**青(あお)い** 파랗다　**黒(くろ)い** 검다　**白(しろ)い** 하얗다

スーツ 정장　**スカート** 스커트　**サングラス** 선글라스　**平日(へいじつ)** 평일　**週末(しゅうまつ)** 주말

1

현재 진행

おどって 춤추고/춤춰서/춤춰 → **おどって + いる** 춤추고 있다

• 지금, 춤추고 있습니다. 今(いま)、踊(おど)っています。

2

반복 · 습관

かよって 다니고/다녀서/다녀 → **かよって + いる** 다니고 있다

• 매일 헬스클럽에 다니고 있습니다. 毎日(まいにち)ジムに通(かよ)っています。

3

현재 모습 · 착용

きて 입고/입어서/입어 → **きて + いる** 입고 있다

• 귀여운 스웨터를 입고 있습니다. かわいいセーターを着(き)ています。

▶ 동사 て형 + いる ~하고 있다

▶ いる는 2그룹 동사 변형을 한다. いる(있다) → います(있습니다)

카루가루 연습 1

1

3그룹

하다 する	하고 있다 している	하고 있습니다 しています
오다 来(く)る		

2

2그룹

먹다 食(た)べる	먹고 있다 食(た)べるている	먹고 있습니다 食(た)べるています
입다 着(き)る		
가르치다 教(おし)える		

3

1그룹

배우다 習(なら)う	배우고 있다 習(なら)う+っている	배우고 있습니다 習(なら)う+っています
다니다 通(かよ)う		
일하다 働(はたら)く		
신다 はく		
들다 持(も)つ		
읽다 読(よ)む		
놀다 遊(あそ)ぶ		
이야기하다 話(はな)す		
찍다 撮(と)る		
춤추다 踊(おど)る		
★가다 行(い)く		

18과 쉐도잉 훈련

정답 ▶▶▶ 부록 220쪽

카루가루 연습 2

예 友(とも)だちとおしゃべりをする	踊(おど)る	お酒(さけ)を飲(の)む	拍手(はくしゅ)をする
歌(うた)を歌(うた)う	ピアノを弾(ひ)く	写真(しゃしん)を撮(と)る	サラダを食(た)べる

예 A: 지금, 무엇을 하고 있습니까? 今(いま)、何(なに)をしていますか。

B: 친구와 수다를 떨고 있습니다. 友(とも)だちとおしゃべりをしています。

1

2

3

4

5

6

7

	平日(へいじつ) 평일	週末(しゅうまつ) 주말
예	朝(あさ)６時(じ)に起(お)きる	１１時(じ)に起(お)きる
1	朝(あさ)、パンを食(た)べる	和食(わしょく)を食(た)べる
2	高校(こうこう)で働(はたら)く	家(いえ)でゆっくり休(やす)む
3	高校(こうこう)で英語(えいご)を教(おし)える	オンラインでフランス語(ご)を習(なら)う
4	夜(よる)、本(ほん)を読(よ)む	夜(よる)、ジムに通(かよ)う

A: 항상 무엇을 하고 있습니까? いつも何(なに)をしていますか。

예 B: 평일은 아침 6시에 일어나고 있습니다.
平日(へいじつ)は朝(あさ)６時(じ)に起(お)きています。

예 B: 주말은 11시에 일어나고 있습니다.
週末(しゅうまつ)は１１時(じ)に起(お)きています。

1

2

3

4

정답 ▶▶▶ 부록 220쪽

술술 연습

예 ぼうしをかぶる | めがねをかける | 예 セーターを着る | ズボンをはく
くつをはく | かばんを持つ | ネックレスをする | サングラスをかける

＋ 赤い | 青い | 黒い | 白い

예 三木

A: 미키 씨는 어느 사람입니까?

三木さんはどの人ですか。

B: 모자를 쓰고, 빨간 스웨터를 입고 있습니다.

ぼうしをかぶって、赤いセーターを着ています。

1 木村

2 中村

3 クリス

4 金

정답 ▶▶▶ 부록 222쪽

友だちと ペラペラ

친구와 술술

나의 친구는 누구일까요? 私(わたし)の友(とも)だちはだれ！

1. 세 번의 힌트를 듣고 나의 친구가 누구인지 맞혀 보기. (돌아가며 서로의 친구를 묻고 답해 보세요.)

정답 ▶▶▶ 부록 222쪽

힌트 1

A: 私(わたし)の友(とも)だちは今(いま)、座(すわ)っています。　내 친구는 지금 앉아 있어요. ＊(座(すわ)る 앉다 ⇔ 立(た)つ 서다)

힌트 2

A: 私(わたし)の友(とも)だちは今(いま)、めがねをかけています。 내 친구는 지금 안경을 쓰고 있어요.

힌트 3

A: 私(わたし)の友(とも)だちは今(いま)、音楽(おんがく)を聞(き)いています。 내 친구는 지금 음악을 듣고 있어요.

B: 友(とも)だちは❸番(ばん)の人(ひと)ですか。　친구는 ❸번 사람입니까?

A: せいかい！　정답!

三木(みき): もしもし。金(きむ)さん今(いま)、何(なに)をしていますか。

金(きむ): 今(いま)カフェで本(ほん)を読(よ)んでいます。

三木(みき): 週末(しゅうまつ)はいつも本(ほん)を読(よ)んでいますか。

金(きむ): はい、週末(しゅうまつ)はだいたいカフェでコーヒーを飲(の)みながら、
好(す)きな小説(しょうせつ)を読(よ)んでいます。
三木(みき)さんは小説(しょうせつ)が好(す)きですか。

三木(みき): 私(わたし)は小説(しょうせつ)よりまんがの方(ほう)が好(す)きです。

たんご

もしもし 여보세요 | 今(いま) 지금 | 何(なに) 무엇 | カフェ 카페 | 読(よ)む 읽다 | 週末(しゅうまつ) 주말
いつも 항상 | だいたい 대체로 | コーヒー 커피 | 飲(の)む 마시다 | 小説(しょうせつ) 소설 | まんが 만화
~の方(ほう) ~의 쪽

미키 : 여보세요. 김 씨 지금, 무엇을 하고 있습니까?

김 : 지금 카페에서 책을 읽고 있습니다.

미키 : 주말에는 항상 책을 읽고 있습니까?

김 : 네, 주말은 대체로 카페에서 커피를 마시면서,
좋아하는 소설을 읽고 있습니다.
미키 씨는 소설을 좋아합니까?

미키 : 저는 소설보다 만화 쪽을 좋아합니다.

〈카페 표현〉

- カフェ 카페
- 喫茶店(きっさてん) 찻집
- まんが喫茶(きっさ) 만화방
- ネットカフェ PC방

음성을 들으며 일본어로 빈칸을 채워 써 보자.

三木(みき): もしもし。金(きむ)さん今(いま)、何(なに)を＿＿＿＿＿＿＿＿。

金(きむ): 今(いま)カフェで本(ほん)を＿＿＿＿＿＿＿＿。

三木(みき): 週末(しゅうまつ)はいつも本(ほん)を＿＿＿＿＿＿＿＿。

金(きむ): はい、週末(しゅうまつ)はだいたいカフェでコーヒーを飲(の)みながら、好(す)きな小説(しょうせつ)を＿＿＿＿＿＿＿＿。
三木(みき)さんは小説(しょうせつ)が好(す)きですか。

三木(みき): 私(わたし)は小説(しょうせつ)よりまんがの方(ほう)が好(す)きです。

일본어를 모두 채워 쓴 후, 우리말 해석을 써 보자.

미키:
김:
미키:
김:
미키:

かるがる ぶんか

카루가루 문화

일본의 '2월'은 이것! 日本の２月は、これ！

バレンタインデー 밸런타인데이

本命チョコ 좋아하는 사람에게 주는 초콜릿
義理チョコ 우정 초콜릿

豆まき 콩 던지기

입춘 전날, 액운을 막고 행운이 오길 바라며 콩을 던진다. 콩을 던지며 「鬼は外、福は内(도깨비는 밖으로, 복은 안으로)」라고 외친다.

恵方巻き 에호마키

입춘 전날 먹는 행운의 7가지 재료로 만든 김밥. 먹을 때는 그 해의 길한 방향을 바라본 채로 말없이 한 줄을 다 먹어야 행운을 잡는다.

雪祭り 눈꽃 축제

홋카이도의 삿포로에서 매년 2월 초에 열린다.

19과 ケーキを作(つく)ってあげましょう。

케이크를 만들어 줍시다.

19과 포인트강의 19과 음원 듣기

かるがる たんご 15

카루가루 단어 15

19_1.mp3

デザートを作(つく)る
디저트를 만들다

お金(かね)を貸(か)す
돈을 빌려주다

服(ふく)を買(か)う
옷을 사다

お酒(さけ)をおごる
술을 한턱내다

仕事(しごと)を手伝(てつだ)う
일을 돕다

勉強(べんきょう)を教(おし)える
공부를 가르치다

手紙(てがみ)を読(よ)む
편지를 읽다

プレゼントを見(み)せる
선물을 보여주다

ボールペンで書(か)く
볼펜으로 쓰다

もうすぐ
이제 곧

彼(かれ)
그

彼女(かのじょ)
그녀/여자 애인

先輩(せんぱい)
선배

後輩(こうはい)
후배

みんなで
다 같이

그 외에 알아두면 좋은 단어

- 財布(さいふ) 지갑
- 時計(とけい) 시계
- ギフトカード 상품권
- パーティー 파티
- 誕生日(たんじょうび) 생일
- 手作(てづく)りケーキ 수제 케이크
- 内緒(ないしょ) 비밀
- 妹(いもうと) 여동생
- 香水(こうすい) 향수
- レストラン 레스토랑

1

くれる

남 ➜ 나　주다

- 그는 나에게 준다.　彼(かれ)は私(わたし)にくれる。
- 그녀는 나에게 준다.　彼女(かのじょ)は私(わたし)にくれる。

あげる

나 ➜ 남　남 ➜ 남　주다

- 나는 그에게 준다.　私(わたし)は彼(かれ)にあげる。
- 그는 그녀에게 준다.　彼(かれ)は彼女(かのじょ)にあげる。

▶ 남 ➜ 우리 가족 : 남이 우리 가족에게 줄 때는 くれる를 사용한다.

2

もらう

받다

- 나는 그에게 받는다.　私(わたし)は彼(かれ)にもらう。
- 그녀는 그에게 받는다.　彼女(かのじょ)は彼(かれ)にもらう。

▶ もらう 앞에는 조사 に뿐만 아니라 から도 가능하다.

예 나는 그에게 받는다.　私(わたし)は彼(かれ)からもらう。

✪ くれる와 もらう

- 그는 나에게 책을 준다.　彼(かれ)は私(わたし)に本(ほん)をくれる。

||

- 나는 그에게 책을 받는다.　私(わたし)は彼(かれ)に本(ほん)をもらう。

3

～てくれる
~해 주다

• 그는 나에게 만들어 준다.　彼(かれ)は私(わたし)に作(つく)ってくれる。

～てあげる
~해 주다

• 나는 그에게 만들어 준다.　私(わたし)は彼(かれ)に作(つく)ってあげる。

4

～てもらう
~해 받다(~해 주다)

• 나는 그에게 만들어 받는다.　私(わたし)は彼(かれ)に作(つく)ってもらう。
(= 그는 나에게 만들어 준다.　彼(かれ)は私(わたし)に作(つく)ってくれる。)

▶ ～てもらう는 우리말로 해석하면 어색하지만, 일본에서는 많이 사용하는 표현이다.
의역하여 "상대가 나에게 해 주다"로 연습하자.

5

これ	あのケーキ	Aコース
이것	저 케이크	A 코스

~(으)로 하다　**～にする**

예 これにする　　あのケーキにする　　Aコースにする
이것으로 하다　　저 케이크로 하다　　A 코스로 하다

• 디저트는 무엇으로 할 겁니까?　デザートは何(なに)にしますか。
• 디저트는 케이크로 할 겁니다.　デザートはケーキにします。
• (우리) 여행은 어디로 할까요?　旅行(りょこう)はどこにしましょうか。
• (우리) 여행은 도쿄로 합시다.　旅行(りょこう)は東京(とうきょう)にしましょう。

1

친구는 나에게 준다.	友(とも)だちは私(わたし)にくれる。
선생님	先生(せんせい)
선배	先輩(せんぱい)

2

나는 친구에게 준다.	私(わたし)は友(とも)だちにあげる。
선생님 학생	先生(せんせい) 学生(がくせい)
선배 후배	先輩(せんぱい) 後輩(こうはい)

3

나는 친구에게 받는다.	私(わたし)は友(とも)だちにもらう。
선생님	先生(せんせい)
선배	先輩(せんぱい)

4

선생님은 나에게 꽃을 준다.

先生(せんせい)は私(わたし)に花(はな)を(ⓐあげる / ⓑくれる)。

나는 미키 씨에게 비싼 시계를 받는다.

私(わたし)は三木(みき)さんに高(たか)い時計(とけい)を (ⓐくれる / ⓑもらう)。

김 씨는 미키 씨에게 귀여운 가방을 준다.

金(きむ)さんは三木(みき)さんにかわいいかばんを(ⓐあげる / ⓑくれる)。

애인은 나에게 재미있는 책을 준다.

恋人(こいびと)は私(わたし)におもしろい本(ほん)を(ⓐあげる / ⓑくれる)。

다나카 씨는 (내) 여동생에게 선물을 준다.

田中(たなか)さんは 妹(いもうと) にプレゼントを(ⓐあげる / ⓑくれる)。

19과 쉐도잉 훈련

정답 ▶▶▶ 4 ⓑ - ⓑ - ⓐ - ⓑ - ⓑ

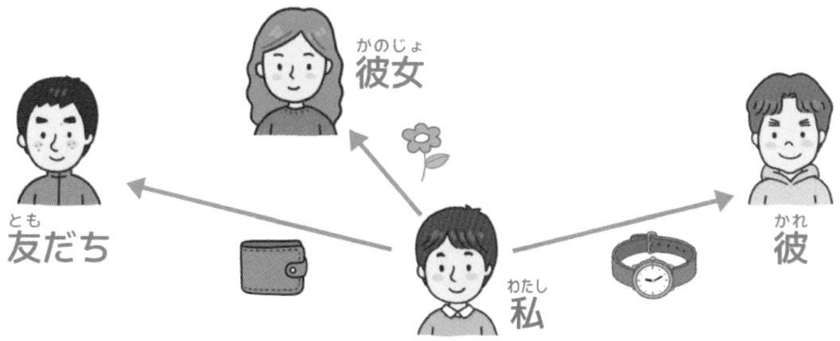

예 財布(さいふ)

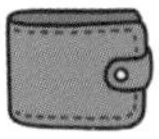

A: 당신은 친구에게 무엇을 주었습니까?
あなたは友(とも)だちに何(なに)をあげましたか。

B: 저는 친구에게 지갑을 주었습니다.
私(わたし)は友(とも)だちに財布(さいふ)をあげました。

1 花(はな)

2 時計(とけい)

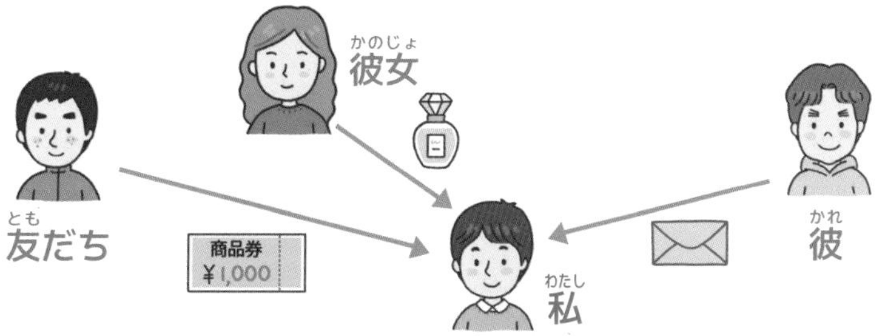

예 ギフトカード

A: 친구는 당신에게 무엇을 주었습니까?
友(とも)だちはあなたに何(なに)をくれましたか。

B: 친구는 저에게 상품권을 주었습니다.
友(とも)だちは私(わたし)にギフトカードをくれました。

A: 당신은 친구에게 무엇을 받았습니까?
あなたは友(とも)だちに何(なに)をもらいましたか。

B: 저는 친구에게 상품권을 받았습니다.
私(わたし)は友(とも)だちにギフトカードをもらいました。

3 香水(こうすい)

4 手紙(てがみ)

정답 ▶▶▶ 부록 223쪽

카루가루 연습 2

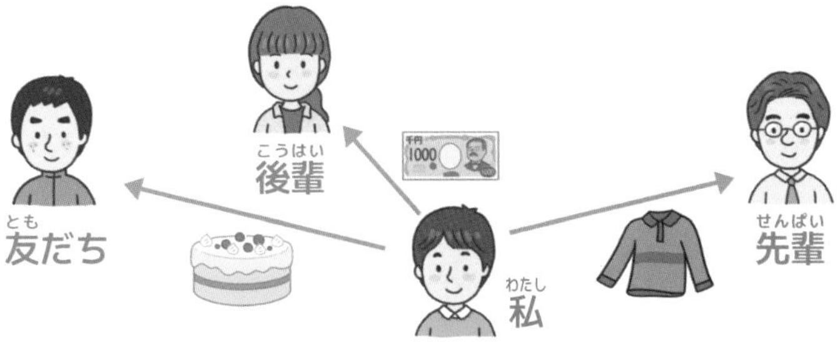

예 ケーキを作(つく)る

A: 당신은 친구에게 무엇을 해 주었습니까?

あなたは友(とも)だちに何(なに)をしてあげましたか。

B: 저는 친구에게 케이크를 만들어 주었습니다.

私(わたし)は友(とも)だちにケーキを作(つく)ってあげました。

1 お金(かね)を貸(か)す

2 服(ふく)を買(か)う

예 お酒(さけ)をおごる

A: 친구는 당신에게 무엇을 해 주었습니까?

友(とも)だちはあなたに何(なに)をしてくれましたか。

B: 친구는 저에게 술을 한턱내 주었습니다.

友(とも)だちは私(わたし)にお酒(さけ)をおごってくれました。

A: 당신은 친구에게 무엇을 해 받았습니까?

あなたは友(とも)だちに何(なに)をしてもらいましたか。

B: 저는 친구에게 술을 한턱내 받았습니다.

私(わたし)は友(とも)だちにお酒(さけ)をおごってもらいました。

3 仕事(しごと)を手伝(てつだ)う

4 勉強(べんきょう)を教(おし)える

이제 곧 미키 씨의 생일입니다.

もうすぐ三木(みき)さんの誕生日(たんじょうび)です。

다 같이 미키 씨에게 서프라이즈를 해 줍시다.

みんなで三木(みき)さんにサプライズをしてあげましょう。

メモ ★ サプライズ! ★
3月 22日(土(ど)) 19時(じ)~
イタリアンレストラン
手作(てづく)りケーキ(チョコ) & 香水(こうすい)
三木(みき)さんには内緒(ないしょ)!!

메모 ★ 서프라이즈! ★
3월 22일(토) 19시~
이탈리안 레스토랑
수제 케이크(초코) & 향수
미키 씨에게는 비밀!!

예 パーティー / いつ

A: 파티는 언제로 할까요? パーティーはいつにしましょうか。

B: 토요일로 합시다. 土曜日(どようび)にしましょう。

1 パーティー / 何時(なんじ)

2 パーティー / どこ

3 誕生日(たんじょうび)ケーキ / 何(なに)

4 プレゼント / 何(なに)

정답 ▶▶▶ 부록 224쪽

술술 연습

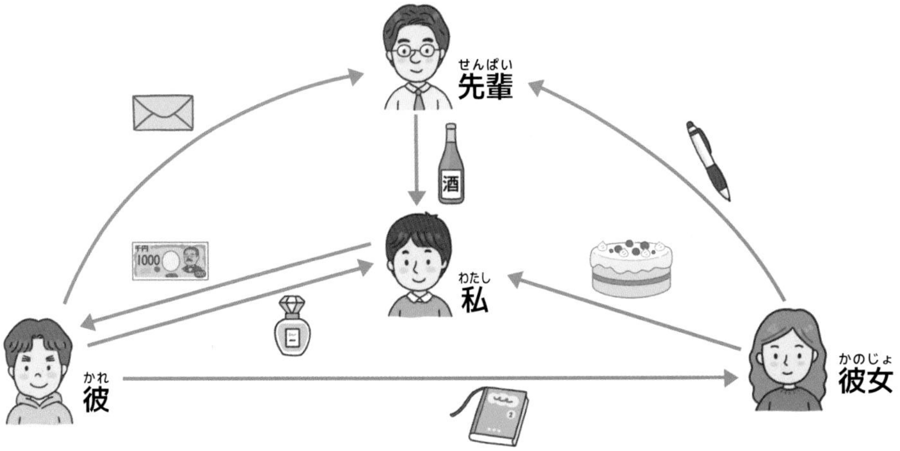

예 貸(か)す	買(か)う	読(よ)む	見(み)せる	書(か)く	作(つく)る	おごる

예 本(ほん)

그는 그녀에게 책을 빌려주었습니다. 彼(かれ)は彼女(かのじょ)に本(ほん)を貸(か)してあげました。

*답은 여러 개가 될 수 있어요.

1 お金(かね)

2 お酒(さけ)

3 香水(こうすい)

4 手紙(てがみ)

5 ケーキ

정답 ▶▶▶ 부록 225쪽

友だちと ペラペラ

친구와 술술

친구에게 선물을 줍시다! 友だちにプレゼントをあげましょう！

1. 생일이 가장 가까운 친구를 한 명 정하기.

예 Aさんのお誕生日はいつですか。 A 씨의 생일은 언제입니까?

2. 모두 그 친구에게 선물을 그림으로 그려 전달하기.

예

| 메모장 |

3. 한 명씩 돌아가면서 친구에게 준 선물을 발표하기.

예 私はAさんに高いピンク色のかばんを買ってあげました。

저는 A 씨에게 비싼 핑크색 가방을 사 주었습니다.

4. 선물을 받은 친구가 뒤이어 받은 선물 그림과 함께 발표하기.

예 プレゼントありがとうございます。 선물 감사합니다.

私はBさんに高いピンク色のかばんを買ってもらいました。
(＝Bさんは私に高いピンク色のかばんを買ってくれました。)

B 씨는 저에게 비싼 핑크색 가방을 사 주었습니다.

田中(たなか): もうすぐ三木(みき)さんの誕生日(たんじょうび)ですね。
みんなでサプライズしませんか。

金(きむ): いいですね。私(わたし)もこの前(まえ)、サプライズしてもらって、
とてもうれしかったです。

田中(たなか): プレゼントは何(なに)にしましょうか。

金(きむ): 三木(みき)さんは香水(こうすい)が好(す)きだから、
香水(こうすい)と手作(てづく)りケーキはどうですか。

田中(たなか): いいですね。それにしましょう。ケーキは私(わたし)も手伝(てつだ)います。

金(きむ): 三木(みき)さんの好(す)きなチョコケーキを作(つく)ってあげましょう。

田中(たなか): 完璧(かんぺき)です。楽(たの)しみですね。

たんご

もうすぐ 이제 곧 | 誕生日(たんじょうび) 생일 | みんなで 다 같이 | サプライズ 서프라이즈 | この前(まえ) 저번에
とても 매우/아주 | うれしい 기쁘다 | プレゼント 선물 | 香水(こうすい) 향수 | 手作(てづく)りケーキ 수제 케이크
手伝(てつだ)う 돕다 | チョコ 초콜릿 | 作(つく)る 만들다 | 完璧(かんぺき)だ 완벽하다 | 楽(たの)しみ 기다려짐/기대됨

다나카 : 이제 곧 미키 씨의 생일이군요.
다 같이 서프라이즈 하지 않겠습니까?

김 : 좋아요. 저도 저번에 서프라이즈 해 주셔서, 아주 기뻤습니다.

다나카 : 선물은 무엇으로 할까요?

김 : 미키 씨는 향수를 좋아하니까, 향수와 수제 케이크는 어떻습니까?

다나카 : 좋군요. 그것으로 합시다. 케이크는 저도 돕겠습니다.

김 : 미키 씨가 좋아하는 초콜릿케이크를 만들어 줍시다.

다나카 : 완벽합니다. 기대되네요.

〈'손(手)'이 들어간 단어〉

- 手紙(てがみ) 편지 → 手(て)(손)으로 紙(かみ)(종이)에 쓰는 것
- 手袋(てぶくろ) 장갑 → 手(て)(손)이 들어가는 袋(ふくろ)(주머니)
- 手作り(てづくり) 수제/핸드메이드 → 手(て)(손)으로 作り(つくり)(만듦)

음성을 들으며 일본어로 빈칸을 채워 써 보자.

田中(たなか): もうすぐ三木(みき)さんの誕生日(たんじょうび)ですね。

みんなでサプライズしませんか。

金(きむ): いいですね。私(わたし)もこの前(まえ)、

サプライズ＿＿＿＿＿＿＿＿＿＿、とてもうれしかったです。

田中(たなか): プレゼントは＿＿＿＿＿＿＿＿＿＿か。

金(きむ): 三木(みき)さんは香水(こうすい)が好(す)きだから、

香水(こうすい)と手作(てづく)りケーキはどうですか。

田中(たなか): いいですね。それ＿＿＿＿＿＿＿＿＿＿。

ケーキは私(わたし)も手伝(てつだ)います。

金(きむ): 三木(みき)さんの好(す)きなチョコケーキを＿＿＿＿＿＿＿＿＿＿。

田中(たなか): 完璧(かんぺき)です。楽(たの)しみですね。

일본어를 모두 채워 쓴 후, 우리말 해석을 써 보자.

다나카:

김:

다나카:

김:

다나카:

김:

다나카:

일본의 '3월'은 이것! 日本の３月は、これ！

ひな祭り 히나 축제

3월 3일 히나 축제는 여자 어린이가 건강하고 예쁘게 자라도록 기원하는 축제이다.

卒業式 졸업식

일본의 대학교 졸업식에는 주로 「袴(기모노의 일종)」를 입는다.

桜の開花 벚꽃 개화

벚꽃이 처음으로 피기 시작하는 계절.

プロ野球の開幕 프로야구 개막

매년 3월 말에 개막한다.

20과 並(なら)んで食(た)べたことがありますか。

줄 서서 먹은 적이 있습니까?

20과 포인트강의 20과 음원 듣기

かるがる たんご 15

카루가루 단어 15

20_1.mp3

外国(がいこく)に行(い)く
외국에 가다

コロナにかかる
코로나에 걸리다

芸能人(げいのうじん)に会(あ)う
연예인을 만나다

テレビに出(で)る
TV에 나오다

店(みせ)の前(まえ)に並(なら)ぶ
가게 앞에 줄 서다

スーツを着(き)る
정장을 입다

サングラスをかける
선글라스를 쓰다

傘(かさ)を持(も)つ
우산을 들다

化粧(けしょう)をする
화장을 하다

電気(でんき)をつける
불을 켜다

バスで立(た)つ
버스에서 서다

お金(かね)を入(い)れる
돈을 넣다

服(ふく)を洗(あら)う
세탁하다

荷物(にもつ)を置(お)く
짐을 두다

地下鉄(ちかてつ)を降(お)りる
지하철을 내리다

그 외에 알아두면 좋은 단어

マスク 마스크
ぼうしをかぶる 모자를 쓰다
人気(にんき)の店(みせ) 인기 있는 가게
いつも 항상
せっかく 모처럼
頑張(がんば)る 힘내다/열심히 하다

1

3그룹 무조건 암기!

する 하다	→	した 했다	**くる** 오다	→	きた 왔다

2그룹 る+た

でる 나오다	→	でるた 나왔다

1그룹 동사 끝 글자에 주의

• ~う・つ・る ⇨ った

あう 만나다	→	あうった 만났다
かかる 걸리다	→	かかるった 걸렸다

• ~ぬ・む・ぶ ⇨ んだ

やすむ 쉬다	→	やすむんだ 쉬었다
ならぶ 줄 서다	→	ならぶんだ 줄 섰다

• ~す ⇨ した

はなす 말하다	→	はなすした 말했다

• ~く(ぐ) ⇨ いた(いだ)

おく 놓다/두다	→	おくいた 놓았다/두었다

★예외 동사 하나

いく 가다	→	いった 갔다

▶ ~た　~했다 (동사의 た형은 동사의 て형과 변형 방법이 같다.)

2

した 했다	→	した + ことがある 한 적이 있다
いった 갔다	→	いった + ことがある 간 적이 있다

▶ ～た + ことがある　~한 적이 있다

- 일본에 간 적 있니?
  日本(にほん)に行(い)ったことある？
- 응, 있어.
  うん、ある。
- 아니, 없어.
  ううん、ない。

- 일본에 간 적이 있습니까?
  日本(にほん)に行(い)ったことがありますか。
- 네, 간 적이 있습니다.
  はい、行(い)ったことがあります。
- 아니요, 간 적이 없습니다.
  いいえ、行(い)ったことがありません。

3

した 했다	→	した + まま 한 채(로)
きた 입었다	→	きた + まま 입은 채(로)

▶ ～た + まま　~한 채(로)

- 마스크를 낀 채로　マスクをしたまま
- 마스크를 낀 채로 이야기합니다.　マスクをしたまま、話(はな)します。

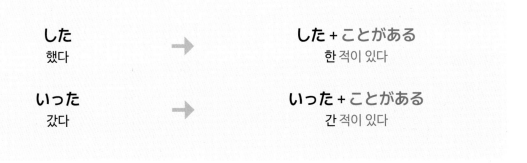

メモ

카루가루 연습 1

1

3그룹

하다 **する**	했다 **した**
오다 **来(く)る**	

2

2그룹

입다 **着(き)る**	입었다 **着(き)るた**
나오다 **出(で)る**	
내리다 **降(お)りる**	

3

1그룹

만나다 会(あ)う

놓다/두다 置(お)く

수영하다 泳(およ)ぐ

이야기하다 話(はな)す

일어서다 立(た)つ

죽다 死(し)ぬ

줄 서다 並(なら)ぶ

읽다 読(よ)む

찍다 撮(と)る

타다 乗(の)る

★가다 行(い)く

만났다 会(あ)うった

20과 쉐도잉 훈련

정답 ▶▶▶ 부록 225쪽

카루가루 연습 2

예 外国(がいこく)に行(い)く | 芸能人(げいのうじん)に会(あ)う | 店(みせ)の前(まえ)に並(なら)ぶ
テレビ番組(ばんぐみ)に出(で)る | コロナにかかる

예 A: 외국에 간 적이 있습니까? 外国(がいこく)に行(い)ったことがありますか。

B: 네, 간 적이 있습니다. はい、行(い)ったことがあります。

아니요, 간 적이 없습니다. いいえ、行(い)ったことがありません。

1

2

3

4

예 マスクをする | スーツを着(き)る | 傘(かさ)を持(も)つ

サングラスをかける | ぼうしをかぶる

예 A: 앗, 저 사람은 마스크를 끼고 있네요. あっ、あの人(ひと)はマスクをしていますね。

B: 정말이네요. 마스크를 낀 채입니다. 本当(ほんとう)ですね。マスクをしたままです。

1

2

3

4

정답 ▶▶▶ 부록 226쪽

술술 연습

예 化粧(けしょう)をする / 寝(ね)る

A: 화장을 한 채로, 잔 적이 있습니까? 化粧(けしょう)をしたまま、寝(ね)たことがありますか。

B1: 네, 화장을 한 채로, 잔 적이 있습니다. はい、化粧(けしょう)をしたまま、寝(ね)たことがあります。

B2: 아니요, 화장을 한 채로, 잔 적이 없습니다. いいえ、化粧(けしょう)をしたまま、寝(ね)たことがありません。

1 電気(でんき)をつける / 寝(ね)る

2 バスで立(た)つ / 寝(ね)る

3 お金(かね)を入(い)れる / 服(ふく)を洗(あら)う

4 地下鉄(ちかてつ)に荷物(にもつ)を置(お)く / 降(お)りる

정답 ▶▶▶ 부록 227쪽

友だちと ペラペラ

친구와 술술

"난 ~한 적 있는데 넌 ~한 적이 있니?" 게임　「したこと(が)ある」ゲーム

1. 친구와 나, 둘 다 간 적이 있는 여행지를 정하기.

   예 둘 다 오사카에 간 적 있어요!

2. 여행지에서 "(난 ~한 적이 있는데,) 넌 ~한 적이 있니?"라고 묻기.

3. 질문은 한 사람이 3번씩, 번갈아 가며 하기.

4. 경험이 많은 쪽이 승리!

힌트

구체적으로 질문할수록 이길 확률이 높아져요.

A : 大阪(おおさか)の居酒屋(いざかや)で芸能人(げいのうじん)に会(あ)ったことがありますか。
오사카의 술집에서 연예인을 만난 적이 있습니까?

A : 大阪(おおさか)のコンビニでサンドイッチを買(か)ったことがありますか。
오사카의 편의점에서 샌드위치를 산 적이 있습니까?

三木(みき): この店(みせ)、いつも人(ひと)が並(なら)んでいますね。

金(きむ): そうですね。せっかくここまで来(き)たから、食(た)べて行(い)きませんか。

三木(みき): そうしましょう。私(わたし)はここで食(た)べたことがありますが、本当(ほんとう)においしかったです。

金(きむ): それは楽(たの)しみですね。どのくらい待(ま)つかな。

三木(みき): ３０分(ぷん)くらいかな。

金(きむ): 立(た)ったまま、３０分(ぷん)は少(すこ)し大変(たいへん)ですね。

三木(みき): でも、おいしいラーメンが待(ま)っているから、頑張(がんば)りましょう。

金(きむ): そうですね、早(はや)く食(た)べたいですね。

たんご

いつも 항상 | 並(なら)ぶ 줄 서다 | せっかく 모처럼 | 来(く)る 오다 | 食(た)べる 먹다 | 本当(ほんとう)に 정말로
楽(たの)しみ 기대됨/기다려짐 | どの 어느 | くらい 정도 | 待(ま)つ 기다리다 | ～かな ~일까/~려나
少(すこ)し 조금/좀 | 大変(たいへん)だ 힘들다/큰일이다 | 頑張(がんば)る 힘내다 | 早(はや)く 빨리/일찍

미키 : 이 가게, 항상 사람이 줄 서 있군요.

김 : 그렇네요. 모처럼 여기까지 왔으니까, 먹고 가지 않겠습니까?

미키 : 그렇게 합시다. 저는 여기서 먹은 적이 있는데,
정말로 맛있었습니다.

김 : 그것참 기대되네요. 어느 정도 기다리려나?

미키 : 30분 정도일까?

김 : 선 채로, 30분은 좀 힘들군요.

미키 : 하지만, 맛있는 라멘이 기다리고 있으니까, 힘냅시다.

김 : 그렇네요, 빨리 먹고 싶네요.

〈인기 많은 가게 앞에서 사용하는 표현들〉

- 今並(いまなら)んでいますか。 지금 줄 서 있는 건가요?
- 今待(いまま)っていますか。 지금 기다리고 있나요?
- 行列(ぎょうれつ)ができていますね。 많은 사람들이 줄 서 있네요.
- 混(こ)んでいますね。 붐비고 있네요.

음성을 들으며 일본어로 빈칸을 채워 써 보자.

三木(みき): この店(みせ)、いつも人(ひと)が並(なら)んでいますね。

金(きむ): そうですね。せっかくここまで来(き)たから、食(た)べて行(い)きませんか。

三木(みき): そうしましょう。私(わたし)はここで＿＿＿＿＿＿＿＿＿＿＿＿が、本当(ほんとう)においしかったです。

金(きむ): それは楽(たの)しみですね。どのくらい待(ま)つかな。

三木(みき): ３０分(ぷん)くらいかな。

金(きむ): ＿＿＿＿＿＿、３０分(ぷん)は少(すこ)し大変(たいへん)ですね。

三木(みき): でも、おいしいラーメンが待(ま)っているから、頑張(がんば)りましょう。

金(きむ): そうですね、早(はや)く食(た)べたいですね。

일본어를 모두 채워 쓴 후, 우리말 해석을 써 보자.

미키:

김:

미키:

김:

미키:

김:

미키:

김:

かるがる ぶんか
카루가루 문화

일본의 '4월'은 이것! 日本の４月は、これ！

エイプリルフール 만우절

「うそでした！(거짓말이었어요!)」

入学式・入社式 입학식·입사식

이 시기에는「あなたの新生活を応援します。(당신의 새로운 삶을 응원합니다.)」라는 표어가 많이 보인다.

花粉症 꽃가루 알레르기

이 시기에는 일기 예보에서도 화분(꽃가루) 정보를 예보한다.

花見団子 하나미당고

3~4월「お花見(꽃놀이)」에서 먹는 경단(団子). 핑크는 '벚꽃', 흰색은 '눈', 녹색은 '초목'을 의미한다.

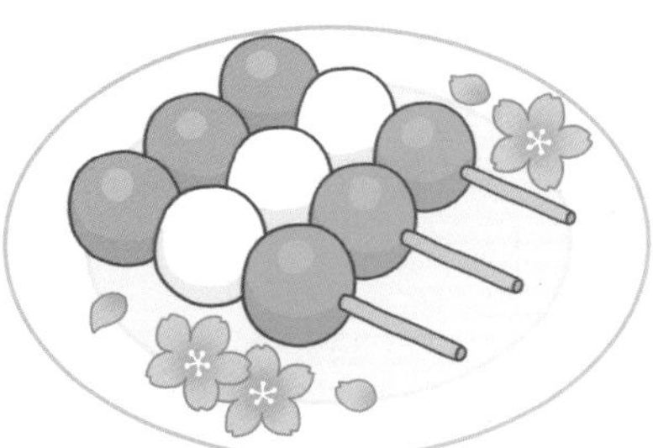

21과

夢(ゆめ)は世界旅行(せかいりょこう)に行(い)くこと。

꿈은 세계여행을 가는 것.

21과 포인트강의 21과 음원듣기

かるがる たんご 15

카루가루 단어 15

21_1.mp3

大(おお)きい家(いえ)に住(す)む 큰 집에 살다

グッズを集(あつ)める 굿즈(관련 상품)를 모으다

絵(え)を描(か)く 그림을 그리다

結婚(けっこん)する 결혼하다

世界旅行(せかいりょこう)に行(い)く 세계여행을 가다

日本語(にほんご)で話(はな)す 일본어로 이야기하다

メッセージを送(おく)る 메시지를 보내다

単語(たんご)を覚(おぼ)える 단어를 외우다

お風呂(ふろ)に入(はい)る 목욕을 하다

テレビを見(み)る TV를 보다

物(もの)を売(う)る 물건을 팔다

歌(うた)を歌(うた)う 노래를 부르다

踊(おど)る 춤추다

街(まち)を歩(ある)く 거리를 걷다

写真(しゃしん)を撮(と)る 사진을 찍다

그 외에 알아두면 좋은 단어

趣味(しゅみ) 취미　**授業(じゅぎょう)** 수업　**ほしい** 갖고 싶다　**すてきだ** 멋지다

去年(きょねん) 작년　**週末(しゅうまつ)** 주말　**キャロル** 캐럴　**クリスマス** 크리스마스

作文(さくぶん) 작문　**掃除(そうじ)** 청소　**ゆっくり** 느긋하게　**要(い)らない** 필요 없다

夜(よる) 밤　**夢(ゆめ)** 꿈　**フリマアプリ** 중고거래 앱 ('フリーマーケット(플리마켓) + アプリ(어플)'의 줄임말)

1

する	くる	つくる
하다	오다	만들다

↓ 것/일 **こと**

예 することと	くること	つくること
하는 것/하는 일	오는 것/오는 일	만드는 것/만드는 일

- 내 취미는 게임을 하는 것입니다. 私(わたし)の趣味(しゅみ)はゲームをすることです。
- 요즘 미키 씨가 오는 일이 많습니다. 最近(さいきん)三木(みき)さんが来(く)ることが多(おお)いです。

▶ 동사 + こと ~하는 것 / ~하는 일 = 동사 + の (가벼운 회화 표현)

2

たべた 먹었다	→	たべたり 먹거나 (먹었거나 X)
のんだ 마셨다	→	のんだり 마시거나 (마셨거나 X)

▶ ～たり～たりする　~하거나 ~하거나 하다 (여기서 た형은 과거형으로 해석하지 않는다.)

- 커피를 마시거나 녹차를 마시거나 합니다.　コーヒーを飲(の)んだり、お茶(ちゃ)を飲(の)んだりします。
- 치킨을 먹거나 맥주를 마시거나 했습니다.　チキンを食(た)べたり、ビールを飲(の)んだりしました。

3

もう
이미/벌써

まだ
아직

- 벌써 먹었니?　もう食(た)べた？
- 응, 벌써 먹었어.　うん、もう食(た)べた。
- 아니, 아직이야.　ううん、まだだよ。
- 벌써 먹었습니까?　もう食(た)べましたか。
- 네, 벌써 먹었습니다.　はい、もう食(た)べました。
- 아니요, 아직입니다.　いいえ、まだです。

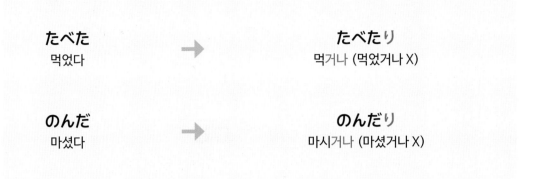

メモ

카루가루 연습 1

1 **현재**

그룹	존댓말 (정중형)		반말 (보통형)	
3	합니다	します	하다	する
	옵니다	きます		
2	먹습니다	たべます	먹다	たべる
	봅니다	みます		
	외웁니다	おぼえます		
	모읍니다	あつめます		
1	만납니다	あいます	만나다	あう
	삽니다	かいます		
	기다립니다	まちます		
	팝니다	うります		
	마십니다	のみます		
	듣습니다	ききます		
	이야기합니다	はなします		

21과쉐도잉 훈련

2 과거

그룹	존댓말 (정중형)		반말 (보통형)	
1	만들었습니다	つくりました	만들었다	つくった
	찍었습니다	とりました		
	(노래) 불렀습니다	うたいました		
	기다렸습니다	まちました		
	읽었습니다	よみました		
	마셨습니다	のみました		
	죽었습니다	しにました		
	놀았습니다	あそびました		
	이야기했습니다	はなしました		
	썼습니다	かきました		
	걸었습니다	あるきました		
	수영했습니다	およぎました		
	갔습니다	いきました		

3 2번 내용을 참고하여 문장을 만들어보세요.

벌써 만들었습니다. もうつくりました。　　벌써 만들었어. もうつくった。

벌써 찍었습니다. ______　　벌써 찍었어. ______

벌써 읽었습니다. ______　　벌써 읽었어. ______

벌써 썼습니다. ______　　벌써 썼어. ______

벌써 갔습니다. ______　　벌써 갔어. ______

정답 ▶▶▶ 부록 228쪽

카루가루 연습 2

예 デザートを作(つく)ります	世界旅行(せかいりょこう)に行(い)きます	大(おお)きい家(いえ)に住(す)みます
ねこのグッズを集(あつ)めます	絵(え)を描(か)きます	すてきな人(ひと)と結婚(けっこん)します

예 A: 당신의 취미는 무엇입니까? あなたの趣味(しゅみ)は何(なん)ですか。

B: 저의 취미는 디저트를 만드는 것입니다. 私(わたし)の趣味(しゅみ)はデザートを作(つく)ることです。

1 趣味(しゅみ)

2 趣味(しゅみ)

3 夢(ゆめ)

4 夢(ゆめ)

5 夢(ゆめ)

料理(りょうり)を作(つく)る / 本(ほん)を読(よ)む

예 A: 주말에는 무엇을 합니까?　　週末(しゅうまつ)は何(なに)をしますか。

B: 요리를 만들거나, 책을 읽거나 합니다.　　料理(りょうり)を作(つく)ったり、本(ほん)を読(よ)んだりします。

恋人(こいびと)と電話(でんわ)で話(はな)す / メッセージを送(おく)る

1 A：夜(よる)は何(なに)をしますか。

友(とも)だちに会(あ)う / 家(いえ)の掃除(そうじ)をする

2 A：今日(きょう)は何(なに)をしますか。

単語(たんご)を覚(おぼ)える / 図書館(としょかん)で宿題(しゅくだい)をする

3 A：昨日(きのう)は何(なに)をしましたか。

キャロルを歌(うた)う / ケーキを食(た)べる

4 A：去年(きょねん)のクリスマスは何(なに)をしましたか。

정답 ▶▶▶ 부록 229쪽

ゆっくりお風呂(ふろ)に入(はい)ります / テレビを見(み)ます

예 家(いえ)

A: 집을 아주 좋아합니다. 家(いえ)が大好(だいす)きです。

B: 집에서는 무엇을 합니까? 家(いえ)では何(なに)をしますか。

A: 느긋하게 목욕을 하거나, TV를 보거나 합니다.

ゆっくりお風呂(ふろ)に入(はい)ったり、テレビを見(み)たりします。

ほしい物(もの)を買(か)います / 要(い)らない物(もの)を売(う)ります

1 フリマアプリ

歌(うた)を歌(うた)います / 踊(おど)ります

2 カラオケ

街(まち)を歩(ある)きます / 写真(しゃしん)を撮(と)ります

3 日本旅行(にほんりょこう)

日本語(にほんご)を話(はな)します / 作文(さくぶん)を書(か)きます

4 日本語(にほんご)の授業(じゅぎょう)

정답 ▶▶▶ 부록 230쪽

友だちと ペラペラ

친구와 술술

친구의 취미는? 友(とも)だちの趣味(しゅみ)は！

스포츠를 / スポーツを
- 합니다 / します
- 봅니다 / 見(み)ます

디저트를 / デザートを
- 만듭니다 / 作(つく)ります
- 먹습니다 / 食(た)べます

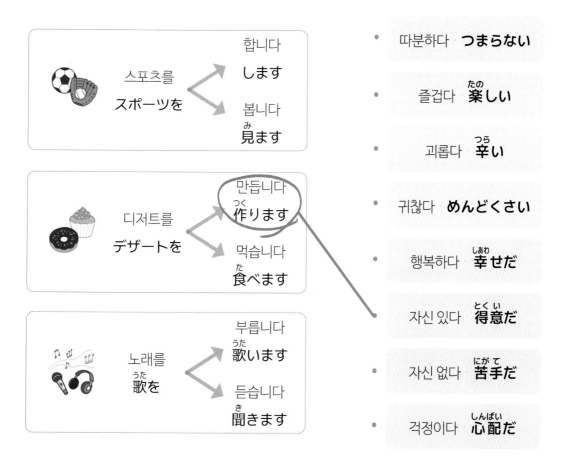

노래를 / 歌(うた)を
- 부릅니다 / 歌(うた)います
- 듣습니다 / 聞(き)きます

- 따분하다 **つまらない**
- 즐겁다 **楽(たの)しい**
- 괴롭다 **辛(つら)い**
- 귀찮다 **めんどくさい**
- 행복하다 **幸(しあわ)せだ**
- 자신 있다 **得意(とくい)だ**
- 자신 없다 **苦手(にがて)だ**
- 걱정이다 **心配(しんぱい)だ**

정답 ▶▶▶ 부록 231쪽

힌트

A : OOさんはデザートを作(つく)りますか。

OO 씨는 디저트를 만듭니까?

B : デザートを作(つく)ることは得意(とくい)です。

디저트를 만드는 것은 자신 있습니다.

카루가루 본문

金(きむ): 三木(みき)さんの夢(ゆめ)は何(なん)ですか。

三木(みき): 私(わたし)の夢(ゆめ)は好(す)きな人(ひと)と世界旅行(せかいりょこう)に行(い)くことです。

金(きむ): 先週(せんしゅう)アメリカに行(い)って来(き)たから、もう夢(ゆめ)は叶(かな)いましたね。

三木(みき): 一人(ひとり)で行(い)ったから、好(す)きな人(ひと)とはまだです。

金(きむ): 好(す)きな人(ひと)と旅行(りょこう)に行(い)って何(なに)がしたいですか。

三木(みき): 世界中(せかいじゅう)のおいしい料理(りょうり)を食(た)べたり、
すてきな景色(けしき)を見(み)たりしたいです。

金(きむ): そうですか。早(はや)く三木(みき)さんの夢(ゆめ)が叶(かな)って、
楽(たの)しい世界旅行(せかいりょこう)の話(はなし)を聞(き)きたいですね。

たんご

夢(ゆめ) 꿈 | 世界旅行(せかいりょこう) 세계여행 | 先週(せんしゅう) 지난주 | 行(い)って来(く)る 다녀오다 | もう 이미/벌써
叶(かな)う 이루어지다 | 一人(ひとり)で 혼자서 | まだ 아직 | 世界中(せかいじゅう) 전 세계 | すてきだ 멋지다
景色(けしき) 경치 | 楽(たの)しい 즐겁다 | 話(はなし) 이야기 | 聞(き)く 듣다

김 : 미키 씨의 꿈은 무엇입니까?

미키 : 저의 꿈은 좋아하는 사람과 세계여행을 가는 것입니다.

김 : 지난주 미국에 다녀왔으니까, 벌써 꿈은 이루어졌네요.

미키 : 혼자서 갔기 때문에, 좋아하는 사람과는 아직입니다.

김 : 좋아하는 사람과 여행을 가서 무엇을 하고 싶습니까?

미키 : 전 세계의 맛있는 요리를 먹거나, 멋진 경치를 보거나 하고 싶습니다.

김 : 그렇습니까? 빨리 미키 씨의 꿈이 이루어져서,
즐거운 세계여행 이야기를 듣고 싶군요.

〈もう의 또 다른 의미〉

① 이미/벌써 もう見(み)ました。 벌써 봤습니다.

② 이제 もうすぐ来(き)ます。 이제 곧 올 겁니다.

③ 더 もう一度(いちど)、話(はな)してください。 한 번 더, 이야기해 주세요.

음성을 들으며 일본어로 빈칸을 채워 써 보자.

金(きむ): 三木(みき)さんの夢(ゆめ)は何(なん)ですか。

三木(みき): 私(わたし)の夢(ゆめ)は好(す)きな人(ひと)と世界旅行(せかいりょこう)に________________。

金(きむ): 先週(せんしゅう)アメリカに行(い)って来(き)たから、もう夢(ゆめ)は叶(かな)いましたね。

三木(みき): 一人(ひとり)で行(い)ったから、好(す)きな人(ひと)とはまだです。

金(きむ): 好(す)きな人(ひと)と旅行(りょこう)に行(い)って何(なに)がしたいですか。

三木(みき): 世界中(せかいじゅう)のおいしい________________________、

すてきな___________________したいです。

金(きむ): そうですか。早(はや)く三木(みき)さんの夢(ゆめ)が叶(かな)って、

楽(たの)しい世界旅行(せかいりょこう)の話(はなし)を聞(き)きたいですね。

일본어를 모두 채워 쓴 후, 우리말 해석을 써 보자.

김:

미키:

김:

미키:

김:

미키:

김:

일본의 '5월'은 이것!　日本(にほん)の5月(がつ)は、これ！

ゴールデンウィーク　골든위크

4월 말~5월 초에 걸친 일본의 가장 긴 연휴.

鯉(こい)のぼり　고이노보리

5월 5일「子供(こども)の日(ひ)(어린이날)」에 달아 두는 잉어 모양의 장식. 남자 어린이가 잘 자라서 출세하도록 기원한다.

母(はは)の日(ひ)　어머니의 날

5月第2日曜日(ごがつだいににちようび)　5월의 2번째 일요일

5月病(ごがつびょう)　5월병

골든위크 후에 무기력해지는 병.
5월병 체크 사항 3! (아무것도 하고 싶지 않아! / 식욕이 없어! / 잠이 안 와!)

22과 終(お)わった後(あと)で、何(なに)をしますか。

끝난 후에, 무엇을 합니까?

22과 포인트강의

22과 음원 듣기

かるがる たんご 15

카루가루 단어 15

22_1.mp3

仕事(しごと)が終(お)わる 일이 끝나다

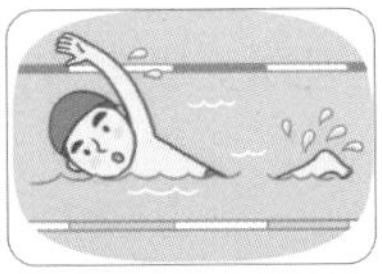

プールで泳(およ)ぐ 수영장에서 수영하다

シャワーを浴(あ)びる 샤워를 하다

家(いえ)に帰(かえ)る 집에 돌아가다

音楽(おんがく)を聞(き)く 음악을 듣다

ぐっすり寝(ね)る 푹 자다

顔(かお)を洗(あら)う 얼굴을 씻다

服(ふく)を着(き)る 옷을 입다

牛乳(ぎゅうにゅう)を飲(の)む 우유를 마시다

歯(は)を磨(みが)く 이를 닦다

くつをはく 신발을 신다

電気(でんき)を消(け)す 불을 끄다

出(で)かける 외출하다

本(ほん)を読(よ)む 책을 읽다

ジムで運動(うんどう)する 헬스클럽에서 운동하다

그 외에 알아두면 좋은 단어

晩(ばん)ご飯(はん) 저녁밥 　**朝(あさ)** 아침 　**温(あたた)かい** 따뜻하다 　**一日(いちにち)** 하루

静(しず)かだ 조용하다 　**むずかしい** 어렵다 　**ストレッチ** 스트레칭 　**筋(きん)トレ** 근력 운동

1

する 하다	→	する + まえに 하기 전에
おわる 끝나다	→	おわる + まえに 끝나기 전에

▶ 동사 기본형 + 前(まえ)に　　~하기 전에

- 운동하기 전에, 밥을 먹습니다.　　運動(うんどう)する前(まえ)に、ご飯(はん)を食(た)べます。
- 일이 끝나기 전에, 메일을 보냅니다.　　仕事(しごと)が終(お)わる前(まえ)に、メールを送(おく)ります。

2

した 했다	→	した + あとで 한 후에
おわった 끝났다	→	おわった + あとで 끝난 후에

▶ 동사 た형 + 後(あと)で　　~한 후에

- 운동한 후에, 전화를 합니다.　　運動(うんどう)した後(あと)で、電話(でんわ)をします。
- 일이 끝난 후에, 수영합니다.　　仕事(しごと)が終(お)わった後(あと)で、泳(およ)ぎます。

카루가루 연습 1

1

3그룹

하다 **する**	하기 전에 **する前(まえ)に**	한 후에 **した後(あと)で**
오다 **来(く)る**		

2

2그룹

먹다 **食(た)べる**	먹기 전에 **食(た)べる前(まえ)に**	먹은 후에 **食(た)べるた後(あと)で**
입다 **着(き)る**		
외출하다 **出(で)かける**		

3

1그룹

씻다 **洗(あら)う**	씻기 전에 **洗(あら)う前(まえ)に**	씻은 후에 **洗(あら)うった後(あと)で**
끝나다 **終(お)わる**		
돌아가다 **帰(かえ)る**		
마시다 **飲(の)む**		
끄다 **消(け)す**		
신다 **はく**		

닦다 磨(みが)く

수영하다 泳(およ)ぐ

★가다 行(い)く

4

운동한 후에, 청소를 **할 겁니다.**

運動(うんどう)した後(あと)で、掃除(そうじ)をします。

하지 않을 겁니다.

했습니다.

하지 않았습니다.

합시다.

하고 싶습니다.

하러 갑니다.

5

일이 끝난 후에, 게임을 **해 주세요.**

仕事(しごと)が終(お)わった後(あと)で、
ゲームをしてください。

해도 됩니까?

해서는 안 됩니다.

해 버렸습니다.

하고 있습니다.

22과 쉐도잉 훈련

정답 ▶▶▶ 부록 231쪽

顔(かお)を洗(あら)う

服(ふく)を着(き)る

5

牛乳(ぎゅうにゅう)を飲(の)む

4

歯(は)を磨(みが)く

3

くつをはく

2

電気(でんき)を消(け)す

1

出(で)かける

예 A: 외출하기 전에 무엇을 합니까?

出(で)かける前(まえ)に、何(なに)をしますか。

B: 외출하기 전에, 불을 끕니다.

出(で)かける前(まえ)に、電気(でんき)を消(け)します。

仕事が終わる

↓

プールで泳ぐ

↓

シャワーを浴びる

↓

家に帰る

↓

家族と晩ご飯を食べる

↓

音楽を聞く

↓

寝る

예 A: 일이 끝난 후에 무엇을 합니까?

仕事が終わった後で、何をしますか。

B: 일이 끝난 후에, 수영장에서 수영합니다.

仕事が終わった後で、プールで泳ぎます。

1

2

3

4

5

정답 ▶▶▶ 부록 232쪽

A: 아침까지 푹 자고 싶습니다. 朝(あさ)までぐっすり寝(ね)たいです。

자기 전에 무엇을 합니까? 寝(ね)る前(まえ)に、何(なに)をしますか。

예 温(あたた)かい牛乳(ぎゅうにゅう)を飲(の)む

B: 자기 전에, 따뜻한 우유를 마십니다. 寝(ね)る前(まえ)に、温(あたた)かい牛乳(ぎゅうにゅう)を飲(の)みます。

1 ストレッチをする

2 お風呂(ふろ)に入(はい)る

3 静(しず)かな音楽(おんがく)を聞(き)く

4 むずかしい本(ほん)を読(よ)む

정답 ▶▶▶ 부록 233쪽

友だちと ペラペラ

친구와 술술

"친구의 일과 만들어 주기" 게임　友(とも)だちの一日(いちにち)

1. 친구 A의 [내일 일과]를 반 친구 다 같이 돌아가며 만들어 주기.
2. 「～た後(あと)で」 또는, 「～前(まえ)に」를 사용하여 만들기.
3. 내일 일과가 전부 정해지면, 친구 A는 모두의 앞에서 내일 일과를 발표하기.

예

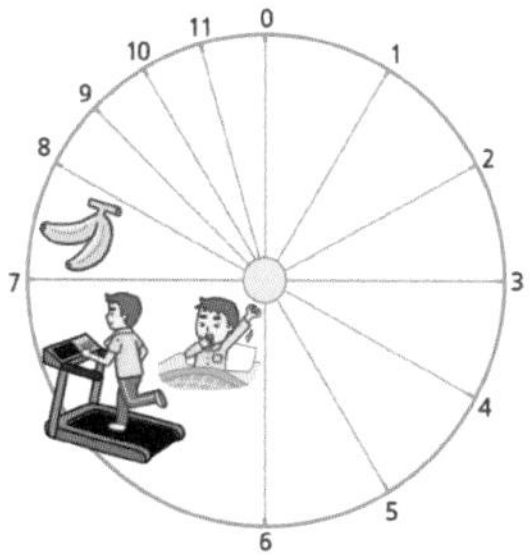

첫 번째 친구	A 씨는 아침 6시에 일어납니다. Aさんは朝(あさ)６時(じ)に起(お)きます。
두 번째 친구	A 씨는 아침 6시에 일어난 후에, 7시까지 운동합니다. Aさんは朝(あさ)６時(じ)に起(お)きた後(あと)で、７時(じ)まで運動(うんどう)します。
세 번째 친구	A 씨는 7시까지 운동한 후에, 바나나를 2개 먹습니다. Aさんは７時(じ)まで運動(うんどう)した後(あと)で、バナナを２本(ほん)食(た)べます。
네 번째 친구	…
다섯 번째 친구	…

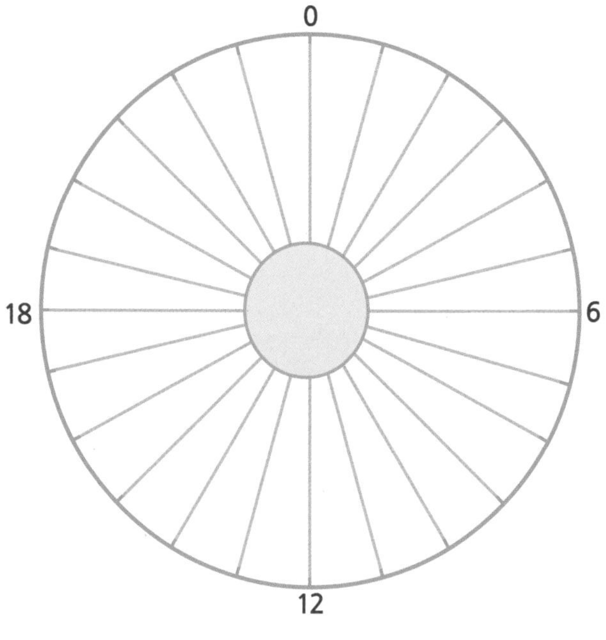

金(きむ): 仕事(しごと)が終(お)わった後(あと)で、何(なに)をしますか。

三木(みき): 仕事(しごと)が終(お)わった後(あと)で、運動(うんどう)します。

金(きむ): えらいですね。どんな運動(うんどう)しますか。

三木(みき): ジムで筋(きん)トレをしています。

金(きむ): ジムに行(い)く前(まえ)に何(なに)か食(た)べますか。

三木(みき): いいえ、運動(うんどう)する前(まえ)には何(なに)も食(た)べませんが、
終(お)わった後(あと)で、焼(や)き鳥(とり)を食(た)べます。

金(きむ): えっ、どうして焼(や)き鳥(とり)ですか。

三木(みき): ジムの１階(かい)に焼(や)き鳥屋(とりや)があって、
いつもその美味(おい)しいにおいに負(ま)けています。

たんご

仕事(しごと) 일 | 終(お)わる 끝나다 | 運動(うんどう) 운동 | えらい 대단하다 | ジム 헬스클럽 | 筋(きん)トレ 근력 운동
何(なに)か 무언가 | 何(なに)も 아무것도 | 焼(や)き鳥(とり) 닭꼬치 | どうして 왜 | １階(いっかい) 1층 | ～屋(や) ~가게
ある 있다 | いつも 항상 | 美味(おい)しい 맛있다 | におい 냄새 | 負(ま)ける 지다

김 : 일이 끝난 후에, 무엇을 합니까?

미키 : 일이 끝난 후에, 운동합니다.

김 : 대단하네요. 어떤 운동합니까?

미키 : 헬스클럽에서 근력 운동을 하고 있습니다.

김 : 헬스클럽에 가기 전에 무언가 먹습니까?

미키 : 아니요, 운동하기 전에는 아무것도 먹지 않지만, 끝난 후에 닭꼬치를 먹습니다.

김 : 네? 왜 닭꼬치입니까?

미키 : 헬스클럽 1층에 닭꼬치 가게가 있어서, 항상 그 맛있는 냄새에 지고 있습니다.

〈헬스클럽에서 자주 사용하는 표현〉

- 筋(きん)トレ　근력 운동('筋肉(きんにく)(근육) + トレーニング(트레이닝)'의 줄임말)
- 腹筋(ふっきん)　윗몸 일으키기
- 腕立(うでた)て伏(ふ)せ　팔 굽혀 펴기(푸쉬업)
- スクワット　스쾃
- プランク　플랭크

음성을 들으며 일본어로 빈칸을 채워 써 보자.

金(きむ): 仕事(しごと)が＿＿＿＿＿＿＿＿＿＿、何(なに)をしますか。

三木(みき): 仕事(しごと)が＿＿＿＿＿＿＿＿＿＿、運動(うんどう)します。

金(きむ): えらいですね。どんな運動(うんどう)しますか。

三木(みき): ジムで筋(きん)トレをしています。

金(きむ): ジムに＿＿＿＿＿＿＿何(なに)か食(た)べますか。

三木(みき): いいえ、運動(うんどう)＿＿＿＿＿＿＿＿何(なに)も食(た)べませんが、
＿＿＿＿＿＿＿＿、焼(や)き鳥(とり)を食(た)べます。

金(きむ): えっ、どうして焼(や)き鳥(とり)ですか。

三木(みき): ジムの１階(かい)に焼(や)き鳥屋(とりや)があって、
いつもその美味(おい)しいにおいに負(ま)けています。

일본어를 모두 채워 쓴 후, 우리말 해석을 써 보자.

김:
미키:
김:
미키:
김:
미키:
김:
미키:

かるがる ぶんか

카루가루 문화

일본의 '6월'은 이것!　日本の６月は、これ！

梅雨　장마

관련어로「梅雨入り(장마에 들어감)」「梅雨明け(장마가 끝남)」가 있다.

あじさい　수국꽃

6월의 꽃인 수국은 흰색, 핑크색, 자주색, 파란색 등 다양한 색이 있는데, 꽃의 색은 토양에 따라 결정된다.

６月の花嫁　6월의 신부

「ジューンブライド」라고도 부른다.
6월에 결혼하면 행복하게 잘 산다는 말이 있다.

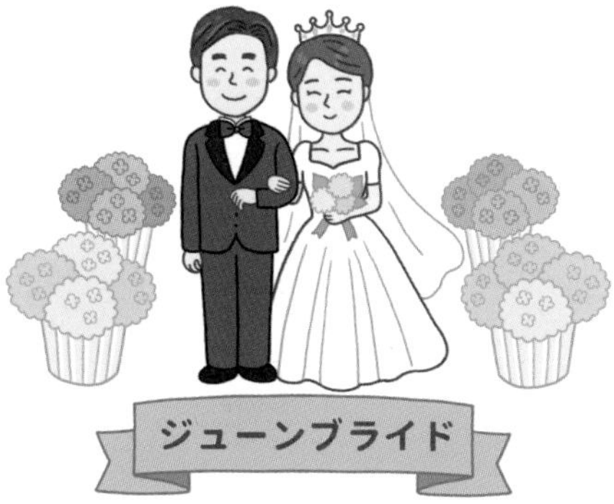

父の日　아버지의 날

６月第３日曜日　6월의 3번째 일요일

23과 無理(むり)しないでください。

무리하지 마세요.

23과 포인트강의 23과 음원 듣기

かるがる たんご 15
카루가루 단어 15

23_1.mp3

風邪(かぜ)
감기

のどが痛(いた)い
목이 아프다

咳(せき)がひどい
기침이 심하다

熱(ねつ)がある
열이 있다

鼻水(はなみず)が止(と)まる
콧물이 멈추다

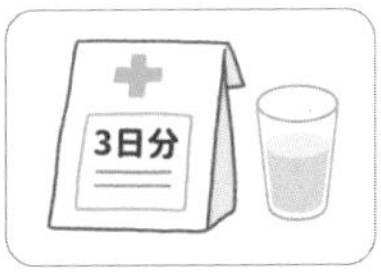

3日分(みっかぶん)の薬(くすり)を飲(の)む
3일 치의 약을 먹다

薬(くすり)を忘(わす)れる
약을 깜박하다

無理(むり)する
무리하다

ゆっくり休(やす)む
푹 쉬다

気(き)を付(つ)ける
조심하다

大(おお)きい声(こえ)
큰 소리

砂糖(さとう)を入(い)れる
설탕을 넣다

ピザを温(あたた)める
피자를 데우다

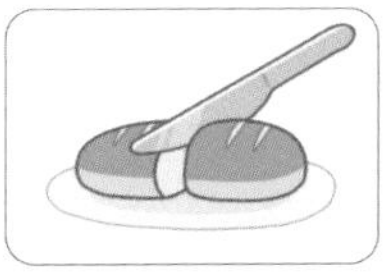

ナイフで切(き)る
나이프로 자르다

ドレッシングをかける
드레싱을 뿌리다

그 외에 알아두면 좋은 단어

医者(いしゃ) 의사
大丈夫(だいじょうぶ)だ 괜찮다
遅(おそ)くまで 늦게까지
げり 설사
サラダ 샐러드
パン 빵
ベーコン 베이컨
流行(はや)る 유행하다

1

3그룹 무조건 암기!

する 하다	→	**しない** 안 해/하지 않다	**くる** 오다	→	**★こない** 안 와/오지 않다

2그룹 る + ない

たべる 먹다	→	**たべるない** 안 먹어/먹지 않다	**いる** (사람/동물) 있다	→	**いるない** 없어/없다

1그룹 [う]단 ⇨ [あ]단 + ない

のむ [무] 마시다	→	**のまない** [마] 안 마셔/마시지 않다	**はなす** [스] 이야기하다	→	**はなさない** [사] 이야기 안 해/이야기하지 않다

단, ~う ⇨ ~わない

かう [우] 사다	→	**かわない** [와] 안 사/사지 않다	**あう** [우] 만나다	→	**あわない** [와] 안 만나/만나지 않다

★예외 동사 하나

ある (무생물/식물) 있다	→	**ない** 없다	**あらない (X)**

▶ 동사의 ない　　~안 해/~하지 않다

2

しない 안 해/하지 않다	→	**しないで + ください** 하지 마세요
のまない 안 마셔/마시지 않다	→	**のまないで + ください** 마시지 마세요

▶ 동사의 ないで + ください　~하지 마세요

- 무리하지 마세요.　無理(むり)しないでください。
- 커피를 마시지 마세요.　コーヒーを飲(の)まないでください。

3

しない 안 해/하지 않다	→	**しないで** 하지 않고/하지 말고
のまない 안 마셔/마시지 않다	→	**のまないで** 마시지 않고/마시지 말고

▶ 동사의 ない + で　~하지 않고/~하지 말고

＊그 외에 「~ないでください(~하지 마세요)」의 반말 표현으로도 사용.

- 무리하지 말고, 푹 쉬세요.　無理(むり)しないで、ゆっくり休(やす)んでください。
- 커피를 마시지 않고, 주스를 마십니다.　コーヒーを飲(の)まないで、ジュースを飲(の)みます。

＊이제 무리하지 마.　もう無理(むり)しないで。

• 명사/형용사의 ない형 복습

명사	くすり 약	→	くすりじゃない 약이 아니다
な형용사	たいへんだ 힘들다	→	たいへんだじゃない 힘들지 않다
い형용사	ひどい 심하다	→	ひどいくない 심하지 않다

카루가루 연습 1

1

3그룹

하다 **する**	안 해/하지 않다 **しない**
★오다 **来(く)る**	

2

2그룹

먹다 **食(た)べる**	안 먹어/먹지 않다 **食(た)べるない**
입다 **着(き)る**	
넣다 **入(い)れる**	
잊다 **忘(わす)れる**	
있다 **いる**	

3

1그룹

쓰다 書く(か)	안 써/쓰지 않다 書く かかない
기다리다 待つ(ま)	
마시다 飲む(の)	
쉬다 休む(やす)	
놀다 遊ぶ(あそ)	
이야기하다 話す(はな)	
멈추다 止まる(と)	
자르다 切る(き)	
★사다 買う(か)	
★만나다 会う(あ)	
★있다 ある	

23과 쉐도잉 훈련

정답 ▶▶▶ 부록 233쪽

예 風邪(かぜ)

예 A: 감기니?　　風邪(かぜ)？

B: 아니, 감기 아냐.　　ううん、風邪(かぜ)じゃない。

1 あの人(ひと)は医者(いしゃ)

2 ここはきれいだ

3 大丈夫(だいじょうぶ)だ

4 おいしい

5 のどが痛(いた)い

6 これも食(た)べる

7 今日(きょう)、会(あ)う

8 恋人(こいびと)がいる

9 時間(じかん)がある

예 A: 감기니까, 무리하지 마세요. 風邪(かぜ)だから、無理(むり)しないでください。

B: 알겠습니다. 조심하겠습니다. わかりました。気(き)を付(つ)けます。

*정답은 하나가 아닐 수 있어요!

예	風邪(かぜ) 감기	薬(くすり)を忘(わす)れる 약을 깜박하다
1	げり 설사	遅(おそ)くまで仕事(しごと)をする 늦게까지 일을 하다
2	3日分(みっかぶん)の薬(くすり) 3일 치 약	コーヒーを飲(の)む 커피를 마시다
3	咳(せき)がひどい 기침이 심하다	辛(から)い物(もの)を食(た)べる 매운 것을 먹다
4	のどが痛(いた)い 목이 아프다	無理(むり)する 무리하다
5	熱(ねつ)がある 열이 있다	大(おお)きい声(こえ)で話(はな)す 큰 소리로 이야기하다

정답 ▶▶▶ 부록 234쪽

예 サラダ / ドレッシングをかける / 食べる

A: 샐러드는 드레싱을 뿌리고, 먹습니까? サラダはドレッシングをかけて、食べますか。

B: 네, 뿌리고, 먹습니다. はい、かけて、食べます。

아니요, 뿌리지 않고, 먹습니다. いいえ、かけないで、食べます。

1 コーヒー / 砂糖を入れる / 飲む

2 コーヒー / 牛乳を入れる / 飲む

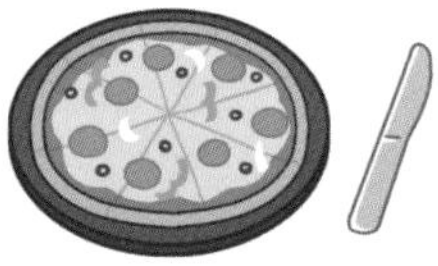

3 ピザ / ナイフで切る / 食べる

4 昨日のピザ / 温める / 食べる

정답 ▶▶▶ 부록 235쪽

友だちと ペラペラ
친구와 술술

친구의 메뉴에 체크하기　友(とも)だちのメニューにチェック！

1. (친구는) 어떤 빵으로 합니까?　どんなパンにしますか。

❶ ☐

❷ ☐

❸ ☐

❹ ☐

예 A: 빵은 잘라서 먹습니까?　パンは切(き)って食(た)べますか。

B: 아니요, 자르지 않고 먹습니다.　いいえ、切(き)らないで食(た)べます。

2. (친구는) 어떤 커피로 합니까?　どんなコーヒーにしますか。

❶ ☐

❷ ☐

❸ ☐

❹ ☐

3. (친구는) 어떤 샐러드로 합니까?　どんなサラダにしますか。

❶ ☐
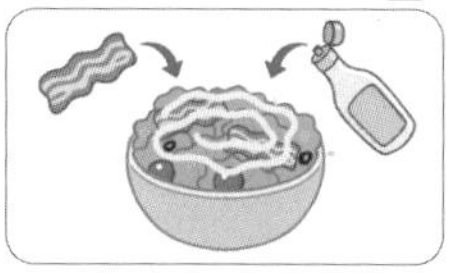
❷ ☐
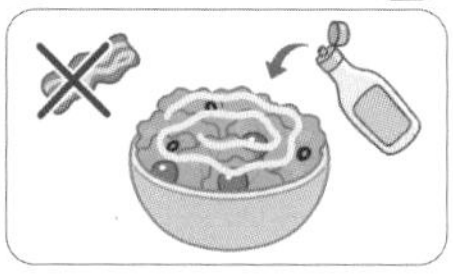
❸ ☐

❹ ☐

정답 ▶▶▶ 부록 236쪽

たんご

パンを切(き)る 빵을 자르다 | パンを温(あたた)める 빵을 데우다 | 砂糖(さとう)を入(い)れる 설탕을 넣다
牛乳(ぎゅうにゅう)を入(い)れる 우유를 넣다 | ベーコンを入(い)れる 베이컨을 넣다
ドレッシングをかける 드레싱을 뿌리다

医者(いしゃ): 今日(きょう)はどうしましたか。

金(きむ): のどが痛(いた)くて、はなみずも止(と)まりません。

医者(いしゃ): 風邪(かぜ)ですね。最近(さいきん)流行(はや)っていますよ。
無理(むり)しないで、ゆっくり休(やす)んでください。

金(きむ): はい。コーヒーは飲(の)んでもいいですか。

医者(いしゃ): いいえ、飲(の)まないでください。もちろんお酒(さけ)もだめです。

金(きむ): はい、わかりました。ありがとうございます。

医者(いしゃ): お大事(だいじ)に。

たんご

どうしましたか 무슨 일입니까? (어떻게 오셨습니까?) | のど 목 | 痛(いた)い 아프다 | 鼻水(はなみず) 콧물
止(と)まる 멈추다 | 風邪(かぜ) 감기 | 最近(さいきん) 요즘 | 流行(はや)る 유행하다 | 無理(むり)する 무리하다
ゆっくり休(やす)む 푹 쉬다 | コーヒー 커피 | 飲(の)む 마시다 | もちろん 물론 | お酒(さけ) 술
だめだ 안 되다 | わかる 알다 | お大事(だいじ)に 몸조리 잘하세요

의사 : 오늘은 어떻게 오셨습니까(무슨 일입니까)?

김 : 목이 아프고, 콧물도 멈추지 않습니다.

의사 : 감기군요. 요즘 유행하고 있습니다. 무리하지 말고, 푹 쉬어 주세요.

김 : 네. 커피는 마셔도 됩니까?

의사 : 아니요, 마시지 마세요. 물론 술도 안 됩니다.

김 : 네, 알겠습니다. 감사합니다.

의사 : 몸조리 잘하세요.

〈병원에서 자주 사용하는 표현〉

- どうしましたか。 무슨 일입니까? (어떻게 오셨습니까?)
- どうなさいましたか。 (どうしましたか의 존경 표현)
- 口(くち)を開(あ)けてみてください。 입을 벌려 보세요.
- 3日分(みっかぶん)の薬(くすり)を出(だ)しておきます。 3일 치 약을 처방해 두겠습니다.
- お大事(だいじ)にどうぞ。 부디 몸조리 잘하세요.

음성을 들으며 일본어로 빈칸을 채워 써 보자.

医者(いしゃ): 今日(きょう)はどうしましたか。

金(きむ): のどが痛(いた)くて、はなみずも止(と)まりません。

医者(いしゃ): 風邪(かぜ)ですね。最近(さいきん)流行(はや)っていますよ。

無理(むり)__________、ゆっくり休(やす)んでください。

金(きむ): はい。コーヒーは飲(の)んでもいいですか。

医者(いしゃ): いいえ、________________。もちろんお酒(さけ)もだめです。

金(きむ): はい、わかりました。ありがとうございます。

医者(いしゃ): お大事(だいじ)に。

일본어를 모두 채워 쓴 후, 우리말 해석을 써 보자.

의사:

김:

의사:

김:

의사:

김:

의사:

かるがる ぶんか

카루가루 문화

일본의 '7월'은 이것!　日本(にほん)の7月(がつ)は、これ！

お中元(ちゅうげん) 오츄겐

7~8월경 평소에 신세를 지고 있는 고마운 분들께 무더운 여름을 시원하게 보내라고 작은 선물을 보낸다.

七夕(たなばた) 칠월칠석

「短冊(たんざく)(단자쿠; 길게 자른 종이)」에 소원을 적어 대나무에 걸면 소원이 이루어진다고 한다.

土用(どよう)の丑(うし)の日(ひ) 복날

장어(스태미나 식품) 먹는 날.

花火大会(はなびたいかい) 불꽃놀이

여름 이벤트 중 하나.

24과

泣(な)いた方(ほう)がいいですよ。

우는 편이 좋습니다.

24과 포인트강의 24과 음원 듣기

かるがる たんご 15

카루가루 단어 15

24_1.mp3

貯金(ちょきん)をする
저금을 하다

会社(かいしゃ)を辞(や)める
회사를 그만두다

恋人(こいびと)と別(わか)れる
애인과 헤어지다

すっきりする
후련하다

泣(な)く
울다

写真(しゃしん)を消(け)す
사진을 지우다

新(あたら)しいことを始(はじ)める
새로운 일을 시작하다

髪(かみ)を切(き)る
머리카락을 자르다

プレゼントを捨(す)てる
선물을 버리다

悪口(わるぐち)を言(い)う
욕을 하다

健康(けんこう)
건강

一万歩(いちまんぽ)を歩(ある)く
만 보를 걷다

成功(せいこう)する
성공하다

あきらめる
포기하다

大切(たいせつ)にする
소중히 여기다

그 외에 알아두면 좋은 단어

- 国(くに) 나라/고국
- 自分(じぶん) 자기자신
- 毎朝(まいあさ) 매일 아침
- 相手(あいて) 상대방
- もらう 받다
- 将来(しょうらい)の夢(ゆめ) 미래의 꿈
- アドバイス 어드바이스(조언)
- 近(ちか)いところ 가까운 곳
- 大学院(だいがくいん) 대학원
- メッセージを送(おく)る 메시지를 보내다
- 体(からだ)にいい 몸에 좋다
- パスポート 여권
- 新聞(しんぶん) 신문

1

した 했다	→	した + ほうがいいです 하는 편이 좋습니다
ないた 울었다	→	ないた + ほうがいいです 우는 편이 좋습니다

▶ 동사의 た + 方(ほう)がいいです　~하는 편이 좋습니다

• た형 복습

1그룹	~う・つ・る → った ~ぬ・む・ぶ → んだ ~す → した ~く（ぐ）→ いた（いだ） *예외 いく → いった
2그룹	~る + た
3그룹	する → した / くる → きた

• ない형 복습

1그룹	[う]단 → [あ]단 + ない ~う → ~わない *예외 ある → ない
2그룹	~る + ない
3그룹	する → しない / くる → こない

▶ 동사의 ない + 方(ほう)がいいです　~하지 않는 편이 좋습니다

2

しない 하지 않다	→	しない + ほうがいいです 하지 않는 편이 좋습니다
のまない 마시지 않다	→	のまない + ほうがいいです 마시지 않는 편이 좋습니다

• 후련할 때까지, 우는 편이 좋습니다.　すっきりするまで、泣(な)いた方(ほう)がいいです。

• 술은 마시지 않는 편이 좋습니다.　お酒(さけ)は飲(の)まない方(ほう)がいいです。

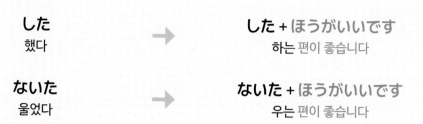

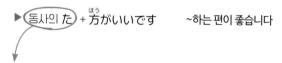

3

かぞく
가족
↓
かぞくのために
가족을 위해서

ゆめ
꿈
↓
ゆめのために
꿈을 위해서

▶ 명사 + のために　~을(를) 위해서

いく
가다
↓
いくために
가기 위해서

はいる
들어가다
↓
はいるために
들어가기 위해서

▶ 동사 기본형 + ために　~하기 위해서

- 가족을 위해서, 요리를 만듭니다.　家族(かぞく)のために、料理(りょうり)を作(つく)ります。
- 일본에 가기 위해서, 아르바이트를 합니다.　日本(にほん)に行(い)くために、バイトをします。

1

가족을 위해서, 열심히 힘내겠습니다. (최선을 다하겠습니다).	家族のために、一生懸命頑張ります。
나라(고국)	国
자기 자신	自分
미래의 꿈	将来の夢

2

다이어트를 위해서, 운동합니다.	ダイエットのために、運動します。
천천히 먹는다	ゆっくり食べる
가까운 곳은 걷는다	近いところは歩く
매일 아침 스트레칭을 한다	毎朝ストレッチをする

3

일본 회사에 들어가기 위해서, 일본어 공부를 합니다.	日本の会社に入るために、日本語の勉強をします。
일본 대학원에 들어가다	日本の大学院に入る
일본 드라마를 보다	日本のドラマを見る
일본인 친구를 만들다	日本人の友だちを作る

4

미국에 가기 위해서, 아르바이트를 합니다.	アメリカに行くために、バイトをします。
저금을 한다	貯金をする
여권을 만든다	パスポートを作る
회사를 그만둔다	会社を辞める

24과 쉐도잉 훈련

정답 ▶▶▶ 부록 237쪽

카루가루 연습 2

미키 씨는 애인과 헤어졌습니다. 三木(みき)さんは恋人(こいびと)と別(わか)れました。

미키 씨에게 어드바이스를 해 봅시다. 三木(みき)さんにアドバイスをしてみましょう。

예 すっきりするまで、泣(な)く

A: 어떻게 하는 편이 좋습니까? どうした方(ほう)がいいですか。

B: 후련할 때까지, 우는 편이 좋습니다. すっきりするまで、泣(な)いた方(ほう)がいいですよ。

1 写真(しゃしん)を消(け)す

2 髪(かみ)を切(き)る

3 新(あたら)しいことを始(はじ)める

4 もらったプレゼントを捨(す)てる

예 相手(あいて)のSNSを見(み)る (X)

A: 어떻게 하는 편이 좋습니까? どうした方(ほう)がいいですか。

B: 상대방의 SNS를 보지 않는 편이 좋습니다. 相手(あいて)のSNSを見(み)ない方(ほう)がいいですよ。

1 恋人(こいびと)の悪口(わるぐち)を言(い)う (X)

2 メッセージを送(おく)る (X)

3 お酒(さけ)を飲(の)む (X)

4 高(たか)いプレゼントは捨(す)てる (X)

정답 ▶▶▶ 부록 237쪽

술술 연습

1 건강을 위해서, 무엇을 하는 편이 좋습니까? 健康(けんこう)のために、何(なに)をした方(ほう)がいいですか。

예 

❶ 

❷ 

❸ 

예 運動(うんどう)する | 一日一万歩(いちにちいちまんぽ)、歩(ある)く | 夜遅(よるおそ)く寝(ね)る (X) | 体(からだ)にいい物(もの)を食(た)べる

예 B: 건강을 위해서, 운동하는 편이 좋습니다.

健康(けんこう)のために、運動(うんどう)した方(ほう)がいいですよ。

❶

❷

❸

2 성공하기 위해서, 무엇을 하는 편이 좋습니까? 成功(せいこう)するために、何(なに)をした方(ほう)がいいですか。

예 

❶ 

❷ 

❸ 

예 朝早(あさはや)く起(お)きる | あきらめる (X) | 時間(じかん)を大切(たいせつ)にする | 新聞(しんぶん)を読(よ)む

예 B: 성공하기 위해서, 아침 일찍 일어나는 편이 좋습니다.

成功(せいこう)するために、朝早(あさはや)く起(お)きた方(ほう)がいいですよ。

❶

❷

❸

정답 ▶▶▶ 부록 238쪽

友だちと ペラペラ

친구와 술술

친구를 위해서 어드바이스하기　　友だちのためにアドバイス！

1. 친구 A의 고민을 듣기.

예 친구 A의 고민

今ダイエット中ですが、ピザが食べたいです。食べた方がいいですか。

지금 다이어트 중인데, 피자를 먹고 싶어요. 먹는 편이 좋을까요?

2. 친구 A에게 돌아가며 어드바이스하기. (이유도 함께 말하기.)

예 친구들의 어드바이스

친구B　食べた方がいいですよ。食べた後で運動してください。

먹는 편이 좋아요. 먹은 후에 운동하세요.

친구C　食べない方がいいですよ。ピザはカロリーが高いから、食べないでください。

먹지 않는 편이 좋아요. 피자는 칼로리가 높으니까, 먹지 마세요.

3. 어드바이스 중 가장 마음에 드는 어드바이스를 하나 골라, “네, 알겠습니다. 그렇게 해볼게요.”라고 말하기.

친구A　はい、わかりました。そうしてみます。

카루가루 본문

三木(みき): 先週(せんしゅう)、彼女(かのじょ)と別(わか)れました。

金(きむ): 大丈夫(だいじょうぶ)ですか。

三木(みき): 毎晩(まいばん)、彼女(かのじょ)の写真(しゃしん)を見(み)ながら、泣(な)いています。

金(きむ): その気持(きも)ちわかります。すっきりするまで、泣(な)いた方(ほう)がいいです。
でも、彼女(かのじょ)の写真(しゃしん)は見(み)ない方(ほう)がいいですよ。
もっと落(お)ち込(こ)むだけです。

三木(みき): 今日(きょう)はお酒(さけ)でも飲(の)んで寝(ね)ます。

金(きむ): お酒(さけ)は飲(の)まない方(ほう)がいいです。健康(けんこう)に悪(わる)いですから。
それより忘(わす)れるために何(なに)か新(あたら)しいことを始(はじ)めた方(ほう)がいいですよ。

三木(みき): そうですね。ありがとうございます。

金(きむ): 元気出(げんきだ)してください。

たんご

先週(せんしゅう) 지난주 | 彼女(かのじょ) 여자 친구 | 別(わか)れる 헤어지다 | 毎晩(まいばん) 매일 밤 | 写真(しゃしん) 사진 | 泣(な)く 울다
気持(きも)ち 기분 | わかる 이해하다 | すっきりする 후련하다 | でも 하지만 | もっと 더욱더
落(お)ち込(こ)む 풀이 죽다/(기분이) 가라앉다 | ~だけ ~만/~뿐 | ~でも ~라도 | 健康(けんこう) 건강
悪(わる)い 나쁘다 | それより 그것보다 | 忘(わす)れる 잊다 | 何(なに)か 무언가 | 新(あたら)しいこと 새로운 일
始(はじ)める 시작하다 | 元気出(げんきだ)す 기운 내다

미키 : 지난주, 여자 친구와 헤어졌습니다.

김 : 괜찮습니까?

미키 : 매일 밤, 여자 친구의 사진을 보면서, 울고 있습니다.

김 : 그 기분 이해합니다. 후련할 때까지, 우는 편이 좋습니다.
하지만, 여자 친구의 사진은 보지 않는 편이 좋겠습니다. 더욱더 가라앉을 뿐입니다.

미키 : 오늘은 술이라도 마시고 자겠습니다.

김 : 술은 마시지 않는 편이 좋습니다. 건강에 나쁘니까요.
그것보다 잊기 위해서 무언가 새로운 일을 시작하는 편이 좋겠습니다.

미키 : 그렇네요. 감사합니다.

김 : 기운 내세요.

- 元(もと)カレ　전 남친
- 元(もと)カノ　전 여친
- 元上司(もとじょうし)　전 직장 상사
- 元部下(もとぶか)　전 부하 직원

음성을 들으며 일본어로 빈칸을 채워 써 보자.

三木: 先週、彼女と別れました。

金: 大丈夫ですか。

三木: 毎晩、彼女の写真を見ながら、泣いています。

金: その気持ちわかります。すっきりするまで、＿＿＿＿＿＿＿＿＿＿。
でも、彼女の写真は＿＿＿＿＿＿＿＿＿＿。
もっと落ち込むだけです。

三木: 今日はお酒でも飲んで寝ます。

金: お酒は＿＿＿＿＿＿＿＿＿＿。健康に悪いですから。
それより＿＿＿＿＿＿何か新しいことを＿＿＿＿＿＿＿＿＿＿。

三木: そうですね。ありがとうございます。

金: 元気出してください。

일본어를 모두 채워 쓴 후, 우리말 해석을 써 보자.

미키:
김:
미키:
김:
미키:
김:
미키:
김:

일본의 '8월'은 이것!　日本の８月は、これ！

お盆　오봉

추석의 개념으로, 원래는 음력이었으나 지금은 양력 8월 15일 전후로 지낸다. 조상신을 위해 오이와 가지로 정령마를 만든다.

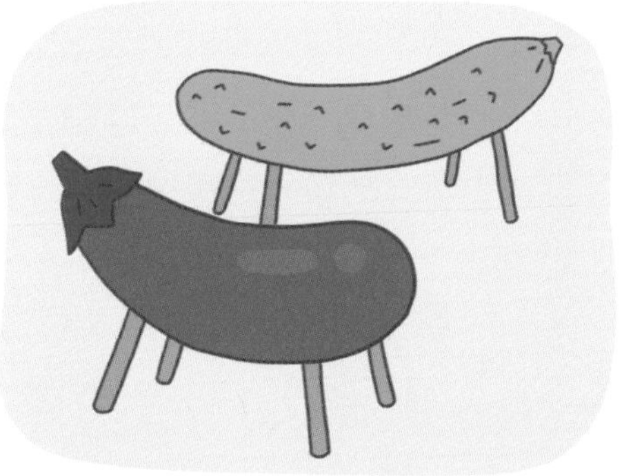

墓参り　성묘

お盆(오봉)에 고향에 내려가 성묘한다.

高校の野球　전국 고교야구

「夏の甲子園(여름의 고시엔)」이라고도 불리며, 일본 국민들에게 많은 사랑을 받고 있다.

夏祭り　여름 축제

축제에는 주로 「浴衣(기모노의 일종)」를 입는다.

ともだち　おお
25과 友達が多かった？
친구가 많았어?

25과 포인트강의　25과 음원듣기

かるがる たんご 15
카루가루 단어 15

25_1.mp3

すうがく　せんせい
数学の先生
수학 선생님

こども　とき
子供の時
어릴 때

かね も
お金持ち
부자

ほんき
本気
진심

こ
いい子
착한 아이

えいかいわ　とくい
英会話が得意だ
영어 회화가 자신 있다

すうじ　にがて
数字が苦手だ
숫자가 자신 없다

あんぜん
安全だ
안전하다

へん
変だ
이상하다

きら
嫌いだ
싫어하다

ともだち　おお
友達が多い
친구가 많다

おとな
大人しい
얌전하다

なか
仲がいい
사이가 좋다

つめ
冷たい
차갑다/냉정하다

やさ
優しい
상냥하다

그 외에 알아두면 좋은 단어

- むかし **昔** 옛날
- うた **歌** 노래
- べんきょう **勉強** 공부
- うんどう **運動** 운동
- かんたん **簡単だ** 간단하다
- おい **美味しい** 맛있다
- **むずかしい** 어렵다
- たの **楽しい** 즐겁다
- ちか **近い** 가깝다
- いそが **忙しい** 바쁘다

1

명사

ともだちだった ↔ ともだちじゃなかった
친구였다 ↔ 친구가 아니었다

な형용사

すきだだった ↔ すきだじゃなかった
좋아했다 ↔ 좋아하지 않았다

い형용사

おおいかった ↔ おおいくなかった
많았다 ↔ 많지 않았다

▶ いい → よかった(좋았다) ↔ よくなかった(좋지 않았다)
*いかった(X) *いくなかった(X)

2

명사

ともだちだ → ともだちだけど
친구 + 다 → 친구이지만 /친구인데

な형용사

かんたんだ → かんたんだけど
간단하다 → 간단하지만 /간단한데

い형용사

おもしろい → おもしろいけど
재미있다 → 재미있지만 /재미있는데

▶ 정중형과 부정형, 과거형에도 사용 가능.

今(いま)は 지금은　　　　昔(むかし)は 옛날에는

1

지금은 선생님이다.

今(いま)は先生(せんせい)だ。

옛날에는 선생님이었다.

昔(むかし)は先生(せんせい)だった。

수학 선생님 数学(すうがく)の先生(せんせい)

친구 友達(ともだち)

부자 お金持(かねも)ち

2

지금은 자신 있다.

今(いま)は得意(とくい)だ。

옛날에는 자신 있었다.

昔(むかし)は得意(とくい)だだった。

노래가 자신 있다 歌(うた)が得意(とくい)だ

안전하다 安全(あんぜん)だ

여기도 안전하다 ここも安全(あんぜん)だ

3

지금은 많다.

今(いま)は多(おお)い。

옛날에는 많았다.

昔(むかし)は多(おお)いかった。

아이가 많다 子供(こども)が多(おお)い

얌전하다 大人(おとな)しい

아이가 얌전하다 子供(こども)が大人(おとな)しい

4

지금은 선생님이 아니다.

今(いま)は先生(せんせい)じゃない。

옛날에는 선생님이 아니었다.

昔(むかし)は先生(せんせい)じゃなかった。

수학 선생님 **数学(すうがく)の先生(せんせい)**

친구 **友達(ともだち)**

부자 **お金持(かねも)ち**

5

지금은 자신 없다.

今(いま)は得意(とくい)だじゃない。

옛날에는 자신 없었다.

昔(むかし)は得意(とくい)だじゃなかった。

노래가 자신 있다 **歌(うた)が得意(とくい)だ**

안전하다 **安全(あんぜん)だ**

여기도 안전하다 **ここも安全(あんぜん)だ**

6

지금은 많지 않다.

今(いま)は多(おお)いくない。

옛날에는 많지 않았다.

昔(むかし)は多(おお)いくなかった。

아이가 많다 **子供(こども)が多(おお)い**

얌전하다 **大人(おとな)しい**

아이가 얌전하다 **子供(こども)が大人(おとな)しい**

25과 쉐도잉 훈련

어렸을 때, 어떤 아이였어?

子供(こども)の時(とき)、どんな子(こ)だった？

예 <u>いい子(こ)</u>

A: 어렸을 때, <u>착한 아이</u>였니?

子供(こども)の時(とき)、<u>いい子(こ)</u>だった？

B: 응, <u>착한 아이</u>였어.

うん、<u>いい子(こ)</u>だった。

B: 아니, <u>착한 아이</u>가 아니었어.

ううん、<u>いい子(こ)</u>じゃなかった。

1  勉強(べんきょう)が<u>苦手(にがて)だ</u>

2  運動(うんどう)が<u>得意(とくい)だ</u>

3  友達(ともだち)が<u>多(おお)い</u>

4  <u>かわいい</u>

5  <u>大人(おとな)しい</u>

예 数字(すうじ)が苦手(にがて)だ・**数学(すうがく)の先生(せんせい)** | 数学(すうがく)は簡単(かんたん)だ・**嫌(きら)いだ**
勉強(べんきょう)はむずかしい・**楽(たの)しい** | 冷(つめ)たい・**美味(おい)しい** | いい子(こ)・**変(へん)だ**

예 A: 숫자가 자신없지만, 수학 선생님이다. 数字(すうじ)が苦手(にがて)だけど、数学(すうがく)の先生(せんせい)だ。

B: 숫자가 자신없었지만, 수학 선생님이었다. 数字(すうじ)が苦手(にがて)だったけど、数学(すうがく)の先生(せんせい)だった。

1

2

3

4

정답 ▶▶▶ 부록 239쪽

예 お金持(かねも)ち

A: 전에는 부자가 아니었지만, 지금은 부자다.

前(まえ)はお金持(かねも)ちじゃなかったけど、今(いま)はお金持(かねも)ちだ。

1 本気(ほんき)

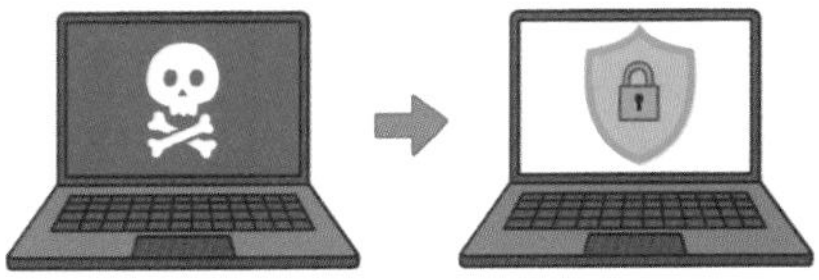

2 安全(あんぜん)だ

3 大人(おとな)しい

4 仲(なか)がいい

정답 ▶▶▶ 부록 240쪽

友だちと ペラペラ

친구와 술술

어렸을 때와 달라진 지금을 말해보기 子供(こども)の時(とき)は…

1. "어렸을 때는 OO이었지만, 지금은 OO이다."라고 달라진 점을 친구들에게 말해 보기.

예 子供(こども)の時(とき)はトマトが嫌(きら)いだったけど、今(いま)は好(す)きだ。

어렸을 때는 토마토를 싫어했지만, 지금은 좋아한다.

예 子供(こども)の時(とき)はすごくかわいかったけど、今(いま)はかわいくない。

어렸을 때는 아주 귀여웠는데, 지금은 귀엽지 않다.

카루가루 본문

山口(やまぐち): 子供(こども)の時(とき)、友達(ともだち)は多(おお)かった？

金(きむ): ううん、多(おお)くなかったけど、仲(なか)いい友達(ともだち)は１人(ひとり)いたよ。

山口(やまぐち): その友達(ともだち)はどんな子(こ)だった？

金(きむ): 見(み)た目(め)は少(すこ)し冷(つめ)たかったけど、実(じつ)は優(やさ)しい子(こ)だった。

山口(やまぐち): ２人(ふたり)でよく遊(あそ)んだ？

金(きむ): うん、家(いえ)が近(ちか)かったから、毎日一緒(まいにちいっしょ)に遊(あそ)んだ。

山口(やまぐち): 今(いま)も仲(なか)いい？

金(きむ): 今(いま)はお互(たが)い忙(いそが)しくて、
たまに一緒(いっしょ)に買(か)い物(もの)に行(い)ったりしている。

たんご

子供(こども)の時(とき) 어렸을 때 | 友達(ともだち) 친구 | 多(おお)い 많다 | 仲(なか)いい 사이좋다 | １人(ひとり) 한 명 | いる 있다
子(こ) 아이(子供(こども)의 줄임말) | 見(み)た目(め) 겉모습 | 冷(つめ)たい 차갑다/냉정하다 | 実(じつ)は 실은 | 優(やさ)しい 상냥하다
２人(ふたり)で 둘이서 | 遊(あそ)ぶ 놀다 | 近(ちか)い 가깝다 | 毎日(まいにち) 매일 | 一緒(いっしょ)に 함께/같이 | お互(たが)い 서로
忙(いそが)しい 바쁘다 | たまに 가끔 | 買(か)い物(もの) 쇼핑

야마구치 : 어렸을 때, 친구는 많았어?

김 : 아니, 많지 않았지만, 사이좋은 친구는 한 명 있었어.

야마구치 : 그 친구는 어떤 아이였어?

김 : 겉모습은 좀 쌀쌀맞았지만, 실은 상냥한 아이였어.

야마구치 : 둘이서 자주 놀았어?

김 : 응, 집이 가까웠기 때문에, 매일 함께 놀았어.

야마구치 : 지금도 사이 좋아?

김 : 지금은 서로 바빠서, 가끔 함께 쇼핑하러 가거나 하고 있어.

お互い(たが)　서로/둘 다

- お互い(たが)忙(いそが)しくて、たまに会(あ)います。　서로 바빠서, 가끔 만납니다.
- お互い(たが)頑張(がんば)りましょう。　우리 둘 다 열심히 합시다.
- お互い(たが)様(さま)です。　피차일반입니다. (둘 다 마찬가지입니다.)

음성을 들으며 일본어로 빈칸을 채워 써 보자.

山口(やまぐち): 子供(こども)の時(とき)、友達(ともだち)は＿＿＿＿＿＿＿＿＿＿？

金(きむ): ううん、＿＿＿＿＿＿＿＿＿＿＿＿＿＿＿＿仲(なか)いい友達(ともだち)は１人(ひとり)いたよ。

山口(やまぐち): その友達(ともだち)はどんな子(こ)だった？

金(きむ): 見(み)た目(め)は少(すこ)し＿＿＿＿＿＿＿＿＿＿＿、実(じつ)は優(やさ)しい子(こ)だった。

山口(やまぐち): ２人(ふたり)でよく遊(あそ)んだ？

金(きむ): うん、家(いえ)が＿＿＿＿＿＿＿＿から、毎日一緒(まいにちいっしょ)に遊(あそ)んだ。

山口(やまぐち): 今(いま)も仲(なか)いい？

金(きむ): 今(いま)はお互(たが)い忙(いそが)しくて、
たまに一緒(いっしょ)に買(か)い物(もの)に行(い)ったりしている。

일본어를 모두 채워 쓴 후, 우리말 해석을 써 보자.

야마구치:

김:

야마구치:

김:

야마구치:

김:

야마구치:

김:

일본의 '9월'은 이것! 日本の９月は、これ！

お月見 달맞이

보름달을 보며, 풍요로운 수확에 감사하는 풍습. 음식 이름에 月見가 들어가면 주로 달걀을 위에 얹은 요리이다.

敬老の日 경로의 날

９月第３月曜日 9월의 3번째 월요일
노인을 경애하고 장수를 축하하는 날로 공휴일이다.

台風 태풍

일반적으로 태풍의 시즌은 7월~10월경이지만, 옛날부터 9월에는 태풍이 일본에 상륙한다는 이미지가 있다.

秋分の日 추분의 날

매년 9월 23일경으로 공휴일이다.
낮과 밤의 길이가 같아지는 날이라고 하지만, 실제로는 낮이 더 길다.

26과 雨が降るそうです。

^{あめ} ^ふ

비가 내린다고 합니다.

26과 포인트강의 26과 음원 듣기

かるがる たんご 15
카루가루 단어 15

🔊 26_1.mp3

雨が降る
^{あめ ふ}
비가 내리다

天気予報
^{てん き よ ほう}
일기 예보

うわさによると
소문에 의하면

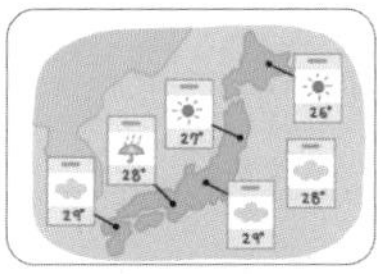

伝える
^{つた}
전하다

大変だ
^{たいへん}
힘들다

楽だ
^{らく}
편(안)하다

バイト先
^{さき}
알바하는 곳

遠い
^{とお}
멀다

近い
^{ちか}
가깝다

明日
^{あした}
내일

晴れ
^は
맑음

台風
^{たいふう}
태풍

海が安全だ
^{うみ あんぜん}
바다가 안전하다

涼しい
^{すず}
시원하다/서늘하다

練習をする
^{れんしゅう}
연습을 하다

그 외에 알아두면 좋은 단어

頭 머리
^{あたま}

耳 귀
^{みみ}

口 입
^{くち}

目 눈
^め

鼻 코
^{はな}

左手 왼손
^{ひだり て}

左足 왼발
^{ひだりあし}

右手 오른손
^{みぎ て}

右足 오른발
^{みぎあし}

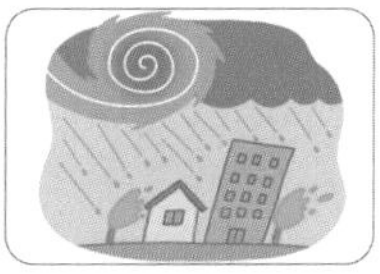

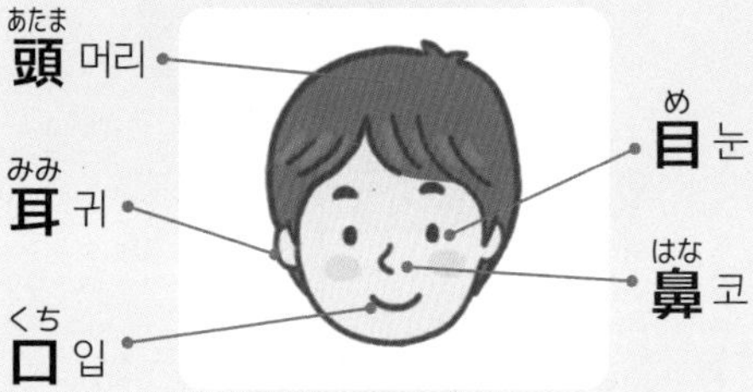

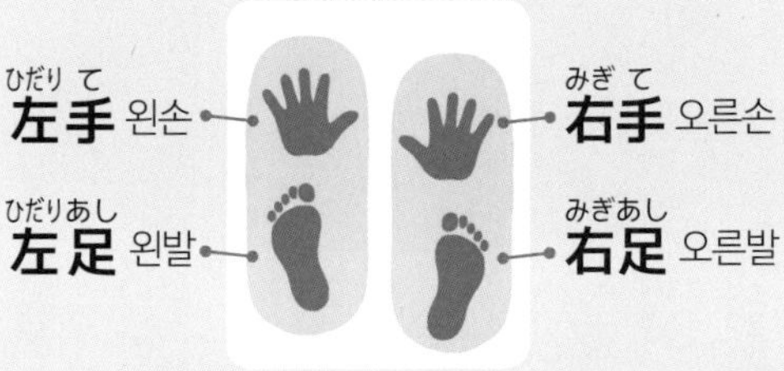

1

명사

たいふうだ	태풍이다	
じゃない	이 아니다	+ そうだ
だった	이었다	(라)고 한다
じゃなかった	이 아니었다	

な형용사

あんぜんだ	안전하다	
じゃない	하지 않다	+ そうだ
だった	했다	(라)고 한다
じゃなかった	하지 않았다	

い형용사

すずしい	시원하다	
くない	하지 않다	+ そうだ
かった	했다	(라)고 한다
くなかった	하지 않았다	

동사

あめがふる	비가 내리다	
ふらない	내리지 않다	+ そうだ
ふった	내렸다	(라)고 한다
ふらなかった	내리지 않았다	

▶ 〈전문〉 남에게 들은 정보를 전달할 때 사용.

▶ 〈확실한 정보 전달〉 보통형('~다'로 끝나는 반말 문장) + そうだ : ~라고 한다
〈불확실한 정보 전달〉 보통형(단, 명사/な형용사는 だ 빼고) + らしい : ~라고 하는 것 같다

예 뉴스에 의하면, 도쿄는 시원하다고 합니다. ニュースによると、東京(とうきょう)は涼(すず)しいそうです。

소문에 의하면, 도쿄는 시원하다고 하는 것 같던데요. うわさによると、東京(とうきょう)は涼(すず)しいらしいです。

2

てんし 천사　　**アイドル** 아이돌　　**にんぎょう** 인형

마치 ~같다	**まるで ~のようだ**	〈정중한 표현〉
	~みたいだ	〈가벼운 표현〉

예 まるで天使(てんし)のようだ　　まるでアイドルのようだ　　まるで人形(にんぎょう)のようだ

天使(てんし)みたいだ　　アイドルみたいだ　　人形(にんぎょう)みたいだ

마치 **천사** 같다　　마치 **아이돌** 같다　　마치 **인형** 같다

▶ 〈비유〉 표현.

まるで + 명사 + ようだ 〈문어체〉 / 명사 + みたいだ 〈회화체〉　　마치 ~같다

メモ

1

뉴스**에 의하면**	ニュース**によると**
선생님	先生(せんせい)
친구 말	友達(ともだち)の話(はなし)
소문	うわさ
일기 예보	天気予報(てんきよほう)

2

점원이(다)**(라)고 합니다.**	店員(てんいん)だ**そうです。**
괜찮다	大丈夫(だいじょうぶ)だ
멀다	遠(とお)い
먹는다	食(た)べる

3

점원이 아니(다)**(라)고 합니다.**	店員(てんいん)じゃない**そうです。**
괜찮지 않다	大丈夫(だいじょうぶ)だじゃない
멀지 않다	遠(とお)いくない
먹지 않는다	食(た)べるない

4

점원이었다고 합니다.	店員(てんいん)だったそうです。
괜찮았다	大丈夫(だいじょうぶ)だだった
멀었다	遠(とお)いかった
먹었다	食(た)べるた

5

점원이 아니었다고 합니다.	店員(てんいん)じゃなかったそうです。
괜찮지 않았다	大丈夫(だいじょうぶ)だじゃなかった
멀지 않았다	遠(とお)いくなかった
먹지 않았다	食(た)べるなかった

26과 쉐도잉 훈련

카루가루 연습 2

예 로봇의 오른쪽 눈은 마치 시계 같네요. ロボットの右(みぎ)の目(め)はまるで時計(とけい)のようですね。

時計(とけい)みたいですね。

1 로봇의 코는

ロボットの鼻(はな)は

2 로봇의 입은

ロボットの口(くち)は

3 로봇의 왼쪽 귀는

ロボットの左(ひだり)の耳(みみ)は

4 로봇의 오른쪽 손은

ロボットの右(みぎ)の手(て)は

5 로봇의 왼쪽 발은

ロボットの左(ひだり)の足(あし)は

6 로봇의 ??은

ロボットの??は

たんご

時計(とけい) 시계 | ほし 별 | 花(はな) 꽃 | りんご 사과 | バナナ 바나나 | 傘(かさ) 우산
ラケット 라켓 | ケーキ 케이크 | パン 빵 | 車(くるま) 자동차 | 魚(さかな) 생선 | 犬(いぬ) 개
本(ほん) 책 | ケータイ 휴대 전화 | ベルト 벨트 | ネクタイ 넥타이

기무라 씨의 이야기를 잘 듣고, 미키 씨에게 전달해 주세요.

木村さんの話をよく聞いて、三木さんに伝えてください。

기무라 **木村** → 나 **私** → 미키 **三木**

	오늘은 1시부터 알바입니다.	기무라 씨에 의하면,	오늘은 1시부터 알바다	라고 합니다.
예	今日は１時からバイトです。	木村さんによると、	今日は１時からバイトだ	そうです。
1	コンビニのバイトです。			
2	スーパーのバイトじゃないです。			
3	バイトは大変です。			
4	楽じゃないです。			
5	バイト先は家から遠いです。			
6	近くないです。			
7	明日は授業があります。			
8	明日はバイトがありません。			
9	明日はギターの練習をします。			

정답 ▶▶▶ 부록 240쪽

지난주의 일기 예보를 보고,
미키 씨에게 날씨를 전달해 주세요.

先週(せんしゅう)の天気予報(てんきよほう)を見(み)て、
三木(みき)さんに天気(てんき)を伝(つた)えてください。

先週(せんしゅう)	29 (月)	30 (火)	31 (水)	1 (木)	2 (金)	3 (土)
さっぽろ						
なは		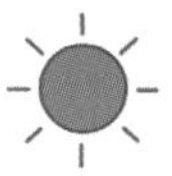				

예 月曜日(げつようび) / 晴(は)れ

미키: 월요일 날씨는 어땠습니까? 月曜日(げつようび)の天気(てんき)はどうでしたか。

김: 삿포로는 맑음이었다고 합니다. さっぽろは晴(は)れだったそうです。

나하는 맑음이 아니었다고 합니다. なはは晴(は)れじゃなかったそうです。

1 火曜日(かようび) / 台風(たいふう)

2 水曜日(すいようび) / 海(うみ)が安全(あんぜん)だ

3 木曜日(もくようび) / 涼(すず)しい

4 金曜日(きんようび) / 天気(てんき)がいい

5 土曜日(どようび) / 雨(あめ)が降(ふ)る

정답 ▶▶▶ 부록 241쪽

友だちと ペラペラ

친구와 술술

'친구 이야기'에 꼬리에 꼬리를 물고 전달하기

友達(ともだち)によると

1. 친구A → 친구B 에게 자신의 이야기를 한다.

예 私(わたし)は日本(にほん)のドラマがおもしろいです。

저는 일본 드라마가 재미있어요.

2. 친구B → 친구C 에게 전달한다. + 자신의 이야기 추가.

예 Aさんによると、日本(にほん)のドラマがおもしろいそうです。

A 씨에 의하면, 일본 드라마가 재미있다고 합니다.

\+ でも、私(わたし)は日本(にほん)のドラマがおもしろくないです。

하지만, 저는 일본 드라마가 재미없어요.

3. 친구C → 친구D 에게 전달한다. + 자신의 이야기 추가.

예 Aさんによると、日本(にほん)のドラマがおもしろいそうです。

A 씨에 의하면, 일본 드라마가 재미있다고 합니다.

\+ Bさんによると、日本(にほん)のドラマがおもしろくないそうです。

B 씨에 의하면, 일본 드라마가 재미없다고 합니다.

\+ 私(わたし)はドラマより本(ほん)が好(す)きです。

저는 드라마보다 책이 좋아요.

金(きむ): あれ！もう外(そと)が暗(くら)いですね。まるで夜(よる)みたいですね。

三木(みき): 天気予報(てんきよほう)によると、午後(ごご)から雨(あめ)が降(ふ)るそうです。

金(きむ): そうですか。傘(かさ)がないから、ちょっとコンビニに行(い)って来(き)ます。

三木(みき): それなら私(わたし)の傘(かさ)を使(つか)ってください。
コンビニは私(わたし)が行(い)って来(き)ます。

金(きむ): 大丈夫(だいじょうぶ)です。コンビニはすぐそこですから。

三木(みき): コンビニは私(わたし)に任(まか)せてください。

金(きむ): どうしたんですか。

三木(みき): うわさによると、コンビニの店員(てんいん)さんがかわいくて、
アイドルみたいだそうです。

金(きむ): あ、なるほど。じゃあ、いってらっしゃい。

たんご

あれ！ 어/앗! | もう 벌써 | 外(そと) 밖 | 暗(くら)い 어둡다 | 夜(よる) 밤 | 天気予報(てんきよほう) 일기 예보 | 午後(ごご) 오후
雨(あめ)が降(ふ)る 비가 내리다 | 傘(かさ) 우산 | 行(い)って来(く)る 다녀오다 | それなら 그렇다면 | 使(つか)う 사용하다
大丈夫(だいじょうぶ)だ 괜찮다 | すぐそこ 바로 앞 | ~に任(まか)せる ~에게 맡기다 | どうしたんですか 무슨 일 있습니까?
うわさ 소문 | 店員(てんいん) 점원 | なるほど 그랬군 | いってらっしゃい 다녀오세요

김 : 어! 벌써 밖이 어둡네요. 마치 밤 같습니다.

미키 : 일기 예보에 의하면, 오후부터 비가 내린다고 합니다.

김 : 그렇습니까? 우산이 없어서, 잠깐 편의점에 다녀오겠습니다.

미키 : 그렇다면 제 우산을 사용하세요. 편의점은 제가 다녀오겠습니다.

김 : 괜찮습니다. 편의점은 바로 앞이니까요.

미키 : 편의점은 나에게 맡겨주세요.

김 : 무슨 일 있습니까?

미키 : 소문에 의하면, 편의점 점원이 귀여워서, 아이돌 같다고 합니다.

김 : 아, 그랬군. 그럼 다녀오세요.

맞장구 표현　なるほど

상대의 말이나 행동이 이해되었을 때 / 상대의 말에 감탄, 공감, 동의할 때 사용하는 표현

- なるほど의 다양한 해석

예 그렇구나, 몰랐어. / 그렇구나, 이제 알았어.

오호라. 그렇군. / 아~ 그래서 그랬구나. (이제 이유를 알았어.)

음성을 들으며 일본어로 빈칸을 채워 써 보자.

金(きむ): あれ、もう外(そと)が暗(くら)いですね。________________ですね。

三木(みき): 天気予報(てんきよほう)________、午後(ごご)から雨(あめ)が____________。

金(きむ): そうですか。傘(かさ)がないから、ちょっとコンビニに行(い)って来(き)ます。

三木(みき): それなら私(わたし)の傘(かさ)を使(つか)ってください。コンビニは私(わたし)が行(い)って来(き)ます。

金(きむ): 大丈夫(だいじょうぶ)です。コンビニはすぐそこですから。

三木(みき): コンビニは私(わたし)に任(まか)せてください。

金(きむ): どうしたんですか。

三木(みき): ______________、コンビニの店員(てんいん)さんがかわいくて、
________________________。

金(きむ): あ、なるほど。じゃあ、いってらっしゃい。

일본어를 모두 채워 쓴 후, 우리말 해석을 써 보자.

김:
미키:
김:
미키:
김:
미키:
김:
미키:
김:

일본의 '10월'은 이것! 日本(にほん)の１０月(がつ)は、これ！

秋(あき)の味覚(みかく) 가을의 미각

「食欲(しょくよく)の秋(あき)(식욕의 가을)」라고도 한다.

紅葉狩(もみじが)り 단풍놀이

スポーツの日(ひ) 스포츠의 날

１０月第２月曜日(じゅうがつだいにげつようび) 10월의 2번째 월요일

1964년 도쿄올림픽의 개회식이었던 10월 10일을 기념하여 만든 날이다.

ハロウィン 핼러윈 축제

매년 10월 31일이다.

27과 電池(でんち)が切(き)れそうです。

배터리가 다 된 것 같습니다.

27과 포인트강의　27과 음원 듣기

かるがる たんご 15

카루가루 단어 15

27_1.mp3

あたたかい
따뜻하다

電池(でんち)が切(き)れる
배터리가 다 되다

あいさつ
인사

便利(べんり)だ
편리하다

丈夫(じょうぶ)だ
튼튼하다

甘(あま)い
달다

飲(の)み物(もの)
음료수

落(お)ちる
떨어지다

今(いま)にも
금방이라도

木(き)が倒(たお)れる
나무가 쓰러지다

雪(ゆき)が降(ふ)る
눈이 내리다

遅(おく)れる
늦다

電話(でんわ)を切(き)る
전화를 끊다

気(き)を付(つ)ける
조심하다/주의하다

持(も)って行(い)く
가지고 가다

그 외에 알아두면 좋은 단어

辛(から)い 맵다　**暇(ひま)だ** 한가하다　**さびしい** 외롭다　**眠(ねむ)い** 졸리다

1

な형용사

たいへんだ 힘들다 → たいへんだそうだ 힘들 것 같다/힘들어 보인다

• 힘들어 보이는데, 괜찮습니까?
大変(たいへん)そうですが、大丈夫(だいじょうぶ)ですか。

い형용사

おもい 무겁다 → おもいそうだ 무거울 것 같다/무거워 보인다

• 무거워 보이는데, 도와드릴까요?
重(おも)そうですが、手伝(てつだ)いましょうか。

*예외

いい 좋다 → よさそうだ 좋을 것 같다/좋아 보인다

• 머리가 좋을 것 같습니다.
頭(あたま)がよさそうです。

ない 없다 → なさそうだ 없을 것 같다/없어 보인다

• 돈이 없을 것 같습니다.
お金(かね)がなさそうです。

동사

なきます 웁니다 → なきますそうだ 울것같다/울것같아보인다

• 저 아이는 울 것 같습니다.
あの子供(こども)は泣(な)きそうです。

▶ 〈양태〉 주로 모양과 상태를 보거나 듣고 추측할 때 사용.
な형용사: ~だ+そうだ　い형용사: ~い+そうだ　동사: ~ます+そうだ
*명사는 함께 사용하지 않는다.

▶ 부정형은 ~なさそうだ를 사용.

예 大変(たいへん)じゃない 힘들지 않다 → 大変(たいへん)じゃなさそうです 힘들지 않을 것 같습니다
重(おも)くない 무겁지 않다 → 重(おも)くなさそうです 무겁지 않을 것 같습니다
泣(な)かない 울지 않다 → 泣(な)かなさそうです 울지 않을 것 같습니다

2

たいへんそうだ	おもそうだ	なきそうだ
힘들 것 같다	무거울 것 같다	울 것 같다

↓ ~일 것 같은 そうだ ⇒ そうな

예 大変そうな人	重そうな荷物	泣きそうな子供
힘들 것 같은 사람	무거울 것 같은 짐	울 것 같은 아이

3

でんわ	でんげん	でんち
전화	전원	배터리

↓ ~만/뿐 だけ

↓ ~밖에 しか

예 電話だけ	電源だけ	電池だけ	예 電話しか	電源しか	電池しか
전화만	전원만	배터리만	전화밖에	전원밖에	배터리밖에

- 전화만 할 수 있습니다. 電話だけできます。
- 전화밖에 못합니다. 電話しかできません。

1

커피만 마십니다.	コーヒーだけ飲(の)みます。
차가운 커피	冷(つめ)たいコーヒー
커피는 따뜻한 커피	コーヒーは温(あたた)かいコーヒー

2

10분만 있습니다.	１０分(ぷん)だけあります。
앞으로 10분	あと１０分(ぷん)
10%	１０パーセント
핸드폰 배터리가 10%	ケータイの電池(でんち)が１０パーセント

3

영어만 할 수 있습니다.	英語(えいご)だけできます。
일본어	日本語(にほんご)
일본어는 인사	日本語(にほんご)はあいさつ

4

커피밖에 마시지 않습니다.	コーヒーしか飲(の)みません。
차가운 커피	冷(つめ)たいコーヒー
커피는 따뜻한 커피	コーヒーは温(あたた)かいコーヒー

5

10분밖에 없습니다.	１０分(ぷん)しかありません。
앞으로 10분	あと１０分(ぷん)
버스가 올 때 까지, 앞으로 10분	バスが来(く)るまで、あと１０分(ぷん)
10%	１０パーセント
핸드폰 배터리가 10%	ケータイの電池(でんち)が１０パーセント

6

영어밖에 못합니다.	英語(えいご)しかできません。
일본어	日本語(にほんご)
일본어는 인사	日本語(にほんご)はあいさつ

27과 쉐도잉 훈련

카루가루 연습 2

かるがる れんしゅう 2　27_3.mp3

A: 이 가방은 어떻습니까?　このかばんはどうですか。

예 便利(べんり)だ

B: 편리할 것 같습니다.　便利(べんり)そうですね。

1 丈夫(じょうぶ)だ

2 たくさん入(はい)る

A: 이 요리는 어떻습니까?　この料理(りょうり)はどうですか。

3 おいしい

4 辛(から)い

A: 이 음료수는 어떻습니까?　この飲(の)み物(もの)はどうですか。

5 甘(あま)い

6 冷(つめ)たい

A: 이 휴대 전화는 어떻습니까?　このケータイはどうですか。

7 落(お)ちる

8 電池(でんち)が切(き)れる

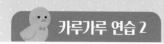

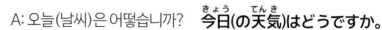

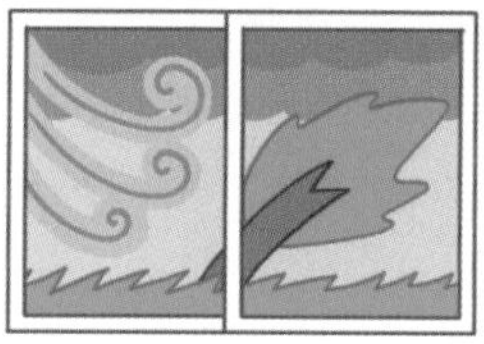

A: 오늘(날씨)은 어떻습니까?　今日(きょう)(の天気(てんき))はどうですか。

9 寒(さむ)い

10 雨(あめ)が降(ふ)る

11 今(いま)にも木(き)が倒(たお)れる

정답 ▶▶▶ 부록 242쪽

술술 연습

A: 어떤 사람입니까?　　どんな人(ひと)ですか。

예 暇(ひま)だ

B: 한가할 것 같은 사람입니다.

暇(ひま)そうな人(ひと)です。

B: 한가하지 않을 것 같은 사람입니다.

暇(ひま)じゃなさそうな人(ひと)です。

A：どんな家族(かぞく)ですか。

1 幸(しあわ)せだ

A：どんな本(ほん)ですか。

2 おもしろい

A：どんな学生(がくせい)ですか。

3 頭(あたま)がいい

A：どんな日(ひ)ですか。

4 雪(ゆき)が降(ふ)る

정답 ▶▶▶ 부록 243쪽

友だちと ペラペラ

친구와 술술

모두들 어떻게 보이나요? みんなどう見(み)えますか。

1. 공원에 있는 사람들을 보고 そうです를 사용하여 말해보기.
(*정답은 하나가 아니에요!)

정답 ▶▶▶ 부록 243쪽

힌트

예 B: 痛(いた)そうですね。　아플 것 같아요.
B: 今(いま)にも泣(な)きそうですね。　당장이라도 울 것 같아요.

幸(しあわ)せだ 행복하다 | 大変(たいへん)だ 힘들다 | 暇(ひま)だ 한가하다 | 高(たか)い 비싸다 | あたたかい 따뜻하다
うれしい 기쁘다 | おもしろい 재미있다 | さびしい 외롭다 | 眠(ねむ)い 졸리다 | 痛(いた)い 아프다
重(おも)い 무겁다 | 楽(たの)しい 즐겁다 | 泣(な)く 울다 | 倒(たお)れる 쓰러지다

金(きむ)： もしもし、三木(みき)さんすみません。
今日(きょう)の約束(やくそく)に２０分(ぷん)くらい遅(おく)れそうです。

三木(みき)： わかりました。今(いま)どこですか。

金(きむ)： バス停(てい)の前(まえ)ですが、ケータイの電池(でんち)も１０％しかありません。

三木(みき)： あ、１０％だけですか。大変(たいへん)そうですね。
じゃあ、電池(でんち)が切(き)れそうだから、電話(でんわ)を切(き)りますね。
気(き)を付(つ)けて来(き)てください。

金(きむ)： ありがとうございます。
三木(みき)さんの好(す)きそうなものをお土産(みやげ)に持(も)って行(い)きます。

三木(みき)： 私(わたし)は美味(おい)しそうなケーキを買(か)って来(き)ました。
楽(たの)しみにしてください。

たんご

約束(やくそく) 약속 | くらい 정도 | 遅(おく)れる 늦다/지각하다 | バス停(てい) 버스 정류장
電池(でんち)が切(き)れる 배터리가 다 되다 | 電話(でんわ)を切(き)る 전화를 끊다 | 気(き)を付(つ)ける 조심하다
お土産(みやげ) 선물 | 持(も)って行(い)く 가지고 가다 | 買(か)って来(く)る 사 오다 | 楽(たの)しみにする 기대하다

김 : 여보세요. 미키 씨, 미안해요.
오늘 약속(시간)에 20분 정도 늦을 것 같습니다.

미키 : 알겠습니다. 지금 어디입니까?

김 : 버스 정류장 앞인데요, 휴대 전화 배터리도 10%밖에 없습니다.

미키 : 아, 10%뿐입니까? 힘들 것 같네요.
그러면, 배터리가 다 된 것 같으니까, 전화를 끊겠습니다. 조심해서 오세요.

김 : 감사합니다. 미키 씨가 좋아할 것 같은 물건을 선물로 가지고 갈 겁니다.

미키 : 저는 맛있을 것 같은 케이크를 사 왔습니다. 기대하세요.

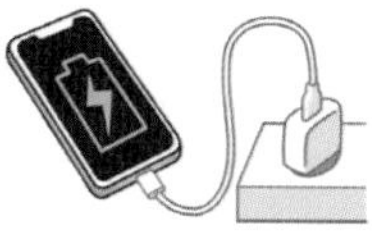

- 電池(でんち)が切(き)れる　배터리가 다 되다
- 電源(でんげん)が落(お)ちる　전원이 꺼지다
- 充電(じゅうでん)する　충전하다

음성을 들으며 일본어로 빈칸을 채워 써 보자.

金(きむ): もしもし、三木(みき)さんすみません。
今日(きょう)の約束(やくそく)に２０分(ぷん)くらい______________。

三木(みき): わかりました。今(いま)どこですか。

金(きむ): バス停(てい)の前(まえ)ですが、ケータイの電池(でんち)も１０%______________。

三木(みき): あ、１０%__________。______________。
じゃあ、電池(でんち)が__________から、電話(でんわ)を切(き)りますね。
気(き)を付(つ)けて来(き)てください。

金(きむ): ありがとうございます。
三木(みき)さんの______________をお土産(みやげ)に持(も)って行(い)きます。

三木(みき): 私(わたし)は______________を買(か)って来(き)ました。
楽(たの)しみにしてください。

일본어를 모두 채워 쓴 후, 우리말 해석을 써 보자.

김:
미키:
김:
미키:
김:
미키:

かるがる ぶんか

카루가루 문화

일본의 '11월'은 이것!　日本の１１月は、これ！

文化の日　문화의 날

11월 3일이며, 문화와 예술 행사가 많이 열린다. 「自由と平和を愛して、文化をすすめる日(자유와 평화를 사랑하고, 문화를 장려하는 날)」

ポッキー&プリッツの日

포키&프리츠의 날

11월 11일이며, 우리의 '빼빼로의 날'과 같다.

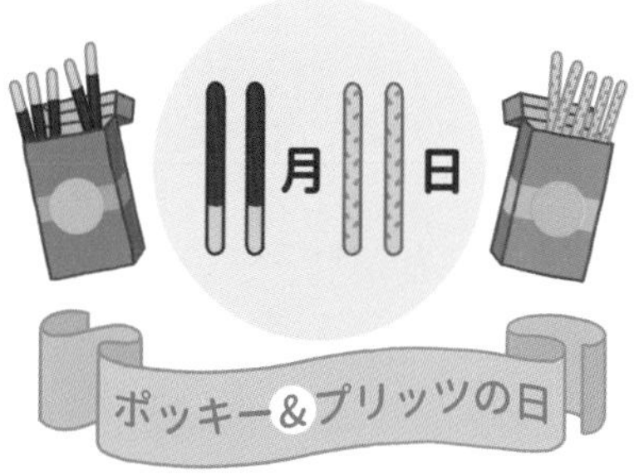

七五三　시치고산

11월 15일이며, 3세 · 5세 · 7세 아이들의 건강과 성장을 축하하는 날이다. 「晴れ着(공적인 자리에서 입는 기모노)」를 입고 가족사진을 찍기도 한다.

勤労感謝の日　근로감사의 날

11월 23일이며, 우리의 '근로자의 날'과 같다.

28과 チェジュと言(い)う所(ところ)に引(ひ)っ越(こ)す人(ひと)です。

제주라는 곳에 이사할 사람입니다.

28과 포인트강의 28과 음원듣기

かるがる たんご 15

카루가루 단어 15

28_1.mp3

アメリカに住(す)む
미국에 살다

引(ひ)っ越(こ)す
이사하다

もらう
받다

知(し)る
알다

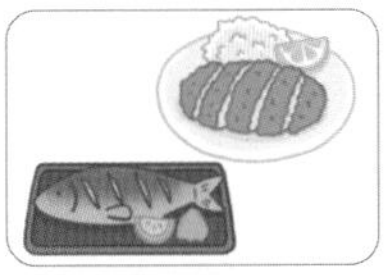

食(た)べ物(もの)
음식

朝(あさ)起(お)きる
아침에 일어나다

あやまる
사과하다

出(で)かける
외출하다

家(いえ)を出(で)る
집을 나가다

別(わか)れる
헤어지다

帰(かえ)って来(く)る
돌아오다

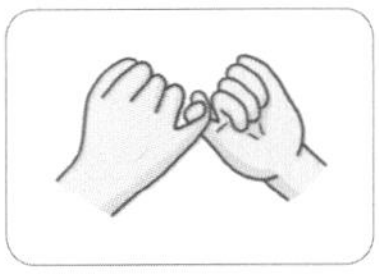

約束(やくそく)
약속

結婚(けっこん)する
결혼하다

覚(おぼ)える
기억하다/외우다

思(おも)い出(だ)す
기억나다
(잊었던 일이) 떠오르다

그 외에 알아두면 좋은 단어

所(ところ) 곳　**時(とき)** 때　**あそこ** 저기/저곳　**服(ふく)** 옷

1

명사

たんじょうび	の	ひと	생일	(인)	사람
	じゃない			이 아닌	
	だった			이었던	
	じゃなかった			이 아니었던	

な형용사

だいじ	な	やくそく	중요	한	약속
	じゃない			하지 않은	
	だった			했던	
	じゃなかった			하지 않았던	

い형용사

すずし	い	ひ	시원	한	날
	くない			하지 않은	
	かった			했던	
	くなかった			하지 않았던	

동사

たべ	る	とき	먹	을	때
	ない			지 않을	
	た			은	
	なかった			지 않은	
	ている			고 있을	

▶ 〈동사의 명사 수식〉

기본형 + 명사	① 〈미래〉 ~할	예 食べる人 (앞으로) 먹을 사람
	② 〈일반적인 일〉 ~하는	예 食べる人 (언제나) 먹는 사람
た형 + 명사	〈과거〉 ~한/~했던	예 食べた人 (과거에) 먹은 사람
ている형 + 명사	〈현재〉 ~하고 있는/~하는	예 食べている人 (지금) 먹고 있는 사람

2

チェジュ + ところ 제주 곳	やまぐち + ひと 야마구치 사람	なん + もの 무엇 물건

↓ ~라고 하는/~라는 **~という**

예 チェジュと言(い)う所(ところ) — 제주라는 곳

山口(やまぐち)と言(い)う人(ひと) — 야마구치라는 사람

何(なん)と言(い)う物(もの) — 뭐라고 하는 물건

- 한국의 제주라는 곳을 알고 있습니까? 韓国(かんこく)のチェジュと言(い)う所(ところ)を知(し)っていますか。
- 이것은 뭐라고 하는 물건입니까? これは何(なん)と言(い)う物(もの)ですか。

▶ (명사) と言(い)う (명사) ~라고 하는~/~라는~ 〈부연 설명〉이 필요할 때 사용한다.

メモ

카루가루 연습 1

1

기본형 + 명사	미래	현재	과거
하다 + 사람 する + 人(ひと)	할 사람 する人(ひと)	하고 있는 사람 している人(ひと)	한 사람 した人(ひと)
먹다 + 요리 食(た)べる + 料理(りょうり)			
보다 + 영화 見(み)る + 映画(えいが)			
만나다 + 때 会(あ)う + 時(とき)			
만들다 + 요리 作(つく)る + 料理(りょうり)			
이사하다 + 친구 引(ひ)っ越(こ)す + 友達(ともだち)			
살다 + 곳 住(す)む + 所(ところ)			
걷다 + 때 歩(ある)く + 時(とき)			

2

기본형 + 명사	미래	과거
하다 + 사람 する + 人(ひと)	안 할 사람 しない人(ひと)	안 한 사람 しなかった人(ひと)
먹다 + 요리 食(た)べる + 料理(りょうり)		
보다 + 영화 見(み)る + 映画(えいが)		
만나다 + 때 会(あ)う + 時(とき)		
만들다 + 요리 作(つく)る + 料理(りょうり)		
이사하다 + 친구 引(ひ)っ越(こ)す + 友達(ともだち)		
살다 + 곳 住(す)む + 所(ところ)		
걷다 + 때 歩(ある)く + 時(とき)		

28과 쉐도잉 훈련

정답 ▶▶▶ 부록 243쪽

카루가루 연습 2

✪ 시제에 맞춰서 알맞은 문장을 만들어 보세요.

예 내일 만날 사람은 누구입니까?

➡ 明日(あした)会(あ)う人(ひと)は誰(だれ)ですか。

1 오늘 만날 사람은 일본어 선생님입니다. (今日(きょう)/会(あ)う)

➡

2 어제 받은 선물은 귀여웠습니다. (昨日(きのう)/もらう/プレゼント)

➡

3 오늘 먹을 요리는 일본인이 자주 먹는 요리입니다. (食(た)べる/料理(りょうり)/よく)

➡

4 일본에 간 친구는 성실한 친구입니다. (行(い)く/友達(ともだち)/まじめだ)

➡

5 저기에서 노래를 부르고 있는 사람이 미키 씨입니다. (あそこ/歌(うた)う/三木(みき)さん)

➡

6 미키 씨가 만든 케이크는 맛없었습니다. (作(つく)る/ケーキ)

➡

7 내가 가지고 갈 책을 이야기해 주세요. (持(も)つ/行(い)く/話(はな)す)

➡

예 パーカー / 服(ふく)

A: '파카'라는 옷을 알고 있습니까? パーカーと言(い)う服(ふく)を知(し)っていますか。

B: 네, 알고 있습니다. / 아니요. 모릅니다. はい、知(し)っています。/ いいえ、知(し)りません。

A: '파카'는 몇 번입니까? パーカーは何番(なんばん)ですか。

❶  ❷  ❸  ❹ 

1 シーチキン / 食(た)べ物(もの)

❶  ❷  ❸  ❹ 

2 使(つか)い捨(す)て / 単語(たんご)

❶  ❷  ❸ 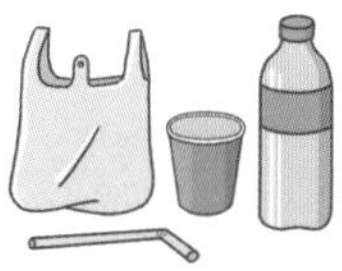 ❹ 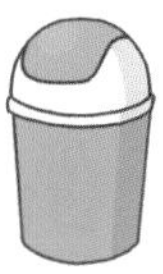

3 八百屋(やおや) / 所(ところ)

❶  ❷  ❸  ❹ 

정답 ▶▶▶ 부록 245쪽

おはようございます。

ただいま。

ごめんなさい。

ありがとうございます。

おやすみなさい。

いってきます。

さよ(う)なら。

いってらっしゃい。

예 朝(あさ)、起(お)きました

A: 아침에 일어났을 때는 어떤 인사를 합니까? 朝(あさ)、起(お)きた時(とき)はどんなあいさつをしますか。

B: 안녕하세요. (좋은 아침이에요.) おはようございます。

1 夜(よる)、寝(ね)ます

2 あやまります

3 出(で)かけます

4 家族(かぞく)が家(いえ)を出(で)ます

5 別(わか)れます

6 プレゼントをもらいました

7 家(いえ)に帰(かえ)って来(き)ました

정답 ▶▶▶ 부록 246쪽

友だちと ペラペラ

친구와 술술

OO이란 것은 뭔가요?　　　OOと言(い)うものは何(なん)ですか。

1. 한국에만 있는 것들을 일본친구에게 설명하기.

Q1 식혜

シッケと言(い)う飲(の)み物(もの)は何(なん)ですか。 식혜라는 음료는 뭔가요?

힌트

これはまるで日本(にほん)の甘酒(あまざけ)のようです。 이건 마치 일본의 아마자케 같아요.

これは甘(あま)くて美味(おい)しい韓国(かんこく)の飲(の)み物(もの)です。 이건 달고 맛있는 한국의 음료예요.

これはチムジルバンでよく飲(の)む飲(の)み物(もの)です。 이건 찜질방에서 자주 마시는 음료예요.

これは中(なか)にお米(こめ)が入(はい)っている飲(の)み物(もの)です。 이건 안에 쌀이 들어가 있는 음료예요.

Q2 빈대떡

ビンデトックと言(い)う料理(りょうり)は何(なん)ですか。 빈대떡이라는 요리는 뭔가요?

Q3 참외

チャメと言(い)う果物(くだもの)は何(なん)ですか。 참외라는 과일은 뭔가요?

정답 ▶▶▶ 부록 246쪽

たんご

甘酒(あまざけ) 아마자케(감주) | お米(こめ) 쌀 | 果物(くだもの) 과일 | 見(み)た目(め) 겉모습 | 味(あじ) 맛

카루가루 본문

金(きむ): 明日(あした)、山口(やまぐち)さんに会(あ)う約束(やくそく)がありますけど、
三木(みき)さんも一緒(いっしょ)にどうですか。

三木(みき): えっ、山口(やまぐち)さんは今(いま)アメリカに住(す)んでいる人(ひと)じゃないですか。

金(きむ): 韓国人(かんこくじん)と結婚(けっこん)して、アメリカに住(す)んでいる人(ひと)は田中(たなか)さんで、
山口(やまぐち)さんはこの前一緒(まえいっしょ)に飲(の)んだ人(ひと)ですよ。

三木(みき): ああ！覚(おぼ)えています。
韓国(かんこく)のチェジュと言(い)う所(ところ)に引(ひ)っ越(こ)す人(ひと)ですね。

金(きむ): 思(おも)い出(だ)しましたか。この前遅(まえおそ)くまで飲(の)みすぎましたね。

三木(みき): その時(とき)のこと全部(ぜんぶ)思(おも)い出(だ)しました。恥(は)ずかしいです。

金(きむ): はは、恥(は)ずかしいのはみんな一緒(いっしょ)ですよ。

たんご

明日(あした) 내일 | 会(あ)う 만나다 | 約束(やくそく) 약속 | 一緒(いっしょ)に 함께/똑같음 | どうですか 어떻습니까
~に住(す)む ~에 살다 | 結婚(けっこん)する 결혼하다 | この前(まえ) 이전에 | 覚(おぼ)える 기억하다/외우다
所(ところ) 곳 | 引(ひ)っ越(こ)す 이사하다 | 思(おも)い出(だ)す 기억나다/(잊었던 일이) 떠오르다 | 遅(おそ)くまで 늦게까지
飲(の)みすぎる 과음하다 | こと 일 | 全部(ぜんぶ) 전부 | 恥(は)ずかしい 부끄럽다 | みんな 모두

김 : 내일, 야마구치 씨를 만날 약속이 있는데, 미키 씨도 함께 어떻습니까?

미키 : 네? 야마구치 씨는 지금 미국에 살고 있는 사람 아닙니까?

김 : 한국인과 결혼해서, 미국에 살고 있는 사람은 다나카 씨이고,
야마구치 씨는 이전에 함께 마셨던 사람입니다.

미키 : 아아! 기억하고 있습니다. 한국의 제주라는 곳에 이사할 사람이군요.

김 : 기억났습니까? 이전에 늦게까지 과음했었지요.

미키 : 그때의 일 전부 기억났습니다. 부끄럽습니다.

김 : 하하, 부끄러운 것은 모두 똑같습니다.

一緒(いっしょ)(に)

① 함께 (행동을 함께할 때) 예 내일 함께 갑시다. 明日(あした)一緒(いっしょ)に行(い)きましょう。

② 같이 (하나로 한데 모을 때) 예 이 3개를 같이 포장해 주세요. この三(みっ)つを一緒(いっしょ)に包(つつ)んでください。

③ 똑같이 (같을 때) 예 부끄러운 것은 모두 똑같습니다. 恥(は)ずかしいのはみんな一緒(いっしょ)です。

저 사람과 똑같은 취급 하지 마세요. あの人(ひと)と一緒(いっしょ)にしないでください。

음성을 들으며 일본어로 빈칸을 채워 써 보자.

金(きむ): 明日(あした)、山口(やまぐち)さんに＿＿＿＿＿＿＿＿があります けど、三木(みき)さんも一緒(いっしょ)にどうですか。

三木(みき): えっ、山口(やまぐち)さんは今(いま)アメリカに＿＿＿＿＿＿＿＿じゃないですか。

金(きむ): 韓国人(かんこくじん)と結婚(けっこん)して、アメリカに＿＿＿＿＿＿＿＿は田中(たなか)さんで、山口(やまぐち)さんはこの前一緒(まえいっしょ)に＿＿＿＿＿＿＿＿ですよ。

三木(みき): ああ！覚(おぼ)えています。韓国(かんこく)の＿＿＿＿＿＿＿＿に引(ひ)っ越(こ)す人(ひと)ですね。

金(きむ): 思(おも)い出(だ)しましたか。この前遅(まえおそ)くまで飲(の)みすぎましたね。

三木(みき): その時(とき)のこと全部(ぜんぶ)思(おも)い出(だ)しました。恥(は)ずかしいです。

金(きむ): はは、恥(は)ずかしいのはみんな一緒(いっしょ)ですよ。

일본어를 모두 채워 쓴 후, 우리말 해석을 써 보자.

김:

미키:

김:

미키:

김:

미키:

김:

일본의 '12월'은 이것!　日本(にほん)の１２月(がつ)は、これ！

お歳暮(せいぼ)　오세보

1년간 감사한 마음을 담아 고마운 분들께 작은 선물을 보낸다. 보통은 12월 20일 이전에 보낸다.

クリスマス　크리스마스

12월 25일이며, 일본은 공휴일이 아니다. 케이크와 치킨을 먹는다.

年賀状(ねんがじょう)　연하장

우편으로 보내기도 하며, 어플을 이용하여 인사를 전하기도 한다.

大(おお)みそか　한 해의 마지막 날

12월 31일이며, 「大掃除(おおそうじ)(대청소)」를 하며, 「年越(とした)しそば(도시코시소바; 메밀국수)」를 먹는다. 긴 메밀면은 장수를 의미하므로 중간에 끊지 않고 한 번에 먹는다.

29과

宝(たから)くじに当(あ)たったら、仕事(しごと)を辞(や)めますか。

복권에 당첨된다면, 일을 그만둘 겁니까?

29과 포인트강의 29과 음원듣기

かるがる たんご 15

카루가루 단어 15

29_1.mp3

行(い)きつけ
단골

若(わか)い
젊다

仕事(しごと)を辞(や)める
일을 그만두다

嬉(うれ)しい
기쁘다

女(おんな)の人(ひと)
여자

人気(にんき)がある
인기가 있다

宿題(しゅくだい)を出(だ)す
과제를 내다

まんがを描(か)く
만화를 그리다

挑戦(ちょうせん)する
도전하다

道(みち)に迷(まよ)う
길을 헤매다

道(みち)を聞(き)く
길을 묻다

宝(たから)くじに当(あ)たる
복권에 당첨되다

貯金(ちょきん)をする
저금을 하다

自分(じぶん)のビジネスを始(はじ)める
자기 사업을 시작하다

店(みせ)ができる
가게가 생기다

그 외에 알아두면 좋은 단어

- **男(おとこ)の人(ひと)** 남자
- **練習(れんしゅう)** 연습
- **一週間(いっしゅうかん)** 일주일
- **絵(え)** 그림
- **ずっと** 계속/쭉
- **たぶん** 아마(도)
- **もっと** 더
- **外国(がいこく)** 외국
- **日本(にほん)のマンション** 일본의 맨션
- **もし** 만일/만약
- **隣(となり)** 옆
- **病院(びょういん)** 병원
- **ヨロッパ旅行(りょこう)** 유럽 여행
- **エベレスト** 에베레스트
- **ドラックストア** 드럭스토어

1

명사

いきつけだ	단골이다	
じゃない	이 아니다	+ と思う(おもう)
だった	이었다	(라)고 생각한다
じゃなかった	이 아니었다	

な형용사

じょうずだ	잘하다	
じゃない	하지 않다	+ と思う(おもう)
だった	했다	(라)고 생각한다
じゃなかった	하지 않았다	

い형용사

わかい	젊다	
くない	지 않다	+ と思う(おもう)
かった	었다	(라)고 생각한다
くなかった	지 않았다	

동사

しごとをやめる	일을 그만두다	
やめない	그만두지 않다	+ と思う(おもう)
やめた	그만두었다	(라)고 생각한다
やめなかった	그만두지 않았다	

▶ 의견, 감상을 말할 때 사용.

보통형 ('~다'로 끝나는 반말 문장) + と思う(おもう) : ~라고 생각한다

2

명사

いきつけだ → いきつけだった+ら

단골+이다 → 단골이라면

な형용사

じょうずだ → じょうずだだった+ら

잘하다 → 잘한다면

い형용사

わかい → わかいかった+ら

젊다 → 젊다면

동사

あう → あうった+ら

만나다 → 만난다면

▶ 〈가정〉 표현.

보통형 과거(~た형) + ら : ~하면/~라면

▶ A たら B

A가 일어**나면 그다음에** B가 일어난다. (문장의 순서가 중요!)

예 일본에 가면, (일본에서) 가방을 삽니다. 日本(にほん)に行(い)ったら、かばんを買(か)います。(O)

일본에 가면, 가기 전에 일본어를 배웁니다. 日本(にほん)に行(い)ったら、行(い)く前(まえ)に日本語(にほんご)を習(なら)います。(X)

일본에 가면, (일본에서) 초밥을 먹습니다. 日本(にほん)に行(い)ったら、すしを食(た)べます。(O)

1

일이(다)(라)고 생각합니다.	仕事(しごと)だと思(おも)います。
좋아한다	好(す)きだ
기쁘다	嬉(うれ)しい
산다	買(か)う

2

일이 아니다(라)고 생각합니다.	仕事(しごと)じゃないと思(おも)います。
좋아하지 않는다	好(す)きだじゃない
기쁘지 않다	嬉(うれ)しいくない
사지 않는다	買(か)うわない

3

일이었다고 생각합니다.	仕事(しごと)だったと思(おも)います。
좋아했다	好(す)きだだった
기뻤다	嬉(うれ)しいかった
샀다	買(か)うった

4

일이 아니었다고 생각합니다.	仕事(しごと)じゃなかったと思(おも)います。
좋아하지 않았다	好(す)きだじゃなかった
기쁘지 않았다	嬉(うれ)しいくなかった
사지 않았다	買(か)うわなかった

29과 쉐도잉 훈련

카루가루 연습 2

아래의 그림을 보고 자신의 생각을 말해 보세요.

예 この人は女の人です

A: 이 사람은 여자입니까? この人は女の人ですか。

B: 네, 여자(다)라고 생각합니다. はい、女の人だと思います。

아니요, 여자가 아니(다)라고 생각합니다. いいえ、女の人じゃないと思います。

1 歌が上手です

2 若いです

3 人気があります

4 韓国でのコンサートでした

5 昨日もギターの練習をしました

예 日本語の先生 / 宿題をたくさん出す

A: 일본어 선생님이라면 어떻게 하겠습니까?
日本語の先生だったら、どうしますか。

B: 일본어 선생님이라면, 과제를 많이 내겠습니다.
日本語の先生だったら、宿題をたくさん出します。

1 一週間休み / **ずっと寝る**

2 絵が上手だ / **まんがを描く**

3 １０年若い / **エベレストに挑戦する**

4 外国で道に迷う / **人に道を聞く**

정답 ▶▶▶ 부록 247쪽

만일, 복권에 당첨된다면, 어떻게 하겠습니까?　もし宝(たから)くじに当(あ)たったら、どうしますか。

예 仕事(しごと)を辞(や)める ｜ 貯金(ちょきん)をする ｜ 自分(じぶん)のビジネスを始(はじ)める
日本(にほん)のマンションを買(か)う ｜ ヨロッパ旅行(りょこう)に行(い)く

B1: 복권에 당첨된다면, 일을 그만두겠습니다.
宝(たから)くじに当(あ)たったら、仕事(しごと)を辞(や)めます。

B2: 복권에 당첨되어도, 일을 그만두지 않겠습니다.
宝(たから)くじに当(あ)たっても、仕事(しごと)を辞(や)めません。

1

2

3

4

5 [자유 문장]

정답 ▶▶▶ 부록 248쪽

友だちと ペラペラ

친구와 술술

당신은 어느 쪽?　　あなたはどちら！

家(いえ)の隣(となり)にどんな店(みせ)ができたら、嬉(うれ)しいと思(おも)いますか。

옆집에 어떤 가게가 생기면, 기쁠 거라고 생각합니까?

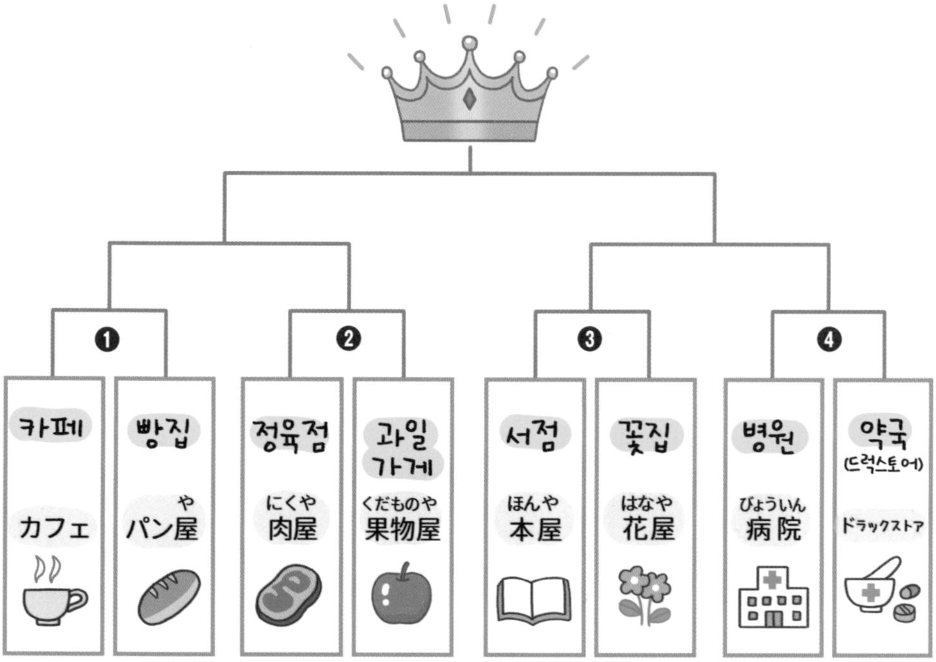

정답 ▶▶▶ 부록 249쪽

힌트

A : カフェとパン屋(や)とどちらができたら、嬉(うれ)しいと思(おも)いますか。

카페와 빵집과 어느 쪽이 생기면, 기쁠 거라고 생각해요?

B : カフェ(の方(ほう))ができたら、嬉(うれ)しいと思(おも)います。

카페가 생기면, 기쁠 거라고 생각해요.

金(きむ): 三木(みき)さんは毎週(まいしゅう)宝(たから)くじを買(か)っていますね。

三木(みき): はい、一度(いちど)も当(あ)たったことはありませんが、
今週(こんしゅう)もまた買(か)ってしまいました。

金(きむ): もし宝(たから)くじに当(あ)たったら、仕事(しごと)を辞(や)めますか。

三木(みき): 宝(たから)くじに当(あ)たっても、仕事(しごと)は辞(や)めないと思(おも)います。

金(きむ): 仕事(しごと)がそんなに好(す)きですか。幸(しあわ)せな人生(じんせい)ですね。

三木(みき): 実(じつ)は仕事(しごと)よりも
会社(かいしゃ)の近(ちか)くにある行(い)きつけの店(みせ)で飲(の)むビールが大好(だいす)きで…。

金(きむ): あり得(え)ない。それが仕事(しごと)を辞(や)めない理由(りゆう)ですか。

たんご

毎週(まいしゅう) 매주 | 宝(たから)くじ 복권 | 買(か)う 사다 | 一度(いちど)も 한 번도 | 当(あ)たる 당첨되다 | 今週(こんしゅう) 이번 주
また 또 | もし 만일/만약 | 仕事(しごと) 일 | 辞(や)める 그만두다 | そんなに 그렇게 | 幸(しあわ)せだ 행복하다
人生(じんせい) 인생 | 実(じつ)は 실은 | ~よりも ~보다도 | 近(ちか)く 근처 | 行(い)きつけ 단골 | 店(みせ) 가게
飲(の)む 마시다 | ビール 맥주 | 大好(だいす)きだ 아주 좋아하다 | あり得(え)ない 말도 안 돼 | 理由(りゆう) 이유

김 : 미키 씨는 매주 복권을 사고 있군요.

미키 : 네, 한 번도 당첨된 적은 없지만, 이번 주도 또 사버렸습니다.

김 : 만일 복권에 당첨된다면, 일을 그만둘 겁니까?

미키 : 복권에 당첨돼도, 일은 그만두지 않을 거라고 생각합니다.

김 : 일이 그렇게 좋습니까? 행복한 인생이군요.

미키 : 실은 일보다도 회사 근처에 있는 단골 가게에서 마시는 맥주를 아주 좋아해서….

김 : 말도 안 돼. 그것이 일을 그만두지 않는 이유입니까?

- **辞**(や)**める** (직장이나 직책을) 그만두다 — 예 회사를 그만둡니다. 会社(かいしゃ)を辞(や)めます。
- **止**(や)**める** (하던 것을) 그만두다/끊다 — 예 게임을 그만둡니다. ゲームを止(や)めます。

음성을 들으며 일본어로 빈칸을 채워 써 보자.

金(きむ): 三木(みき)さんは毎週(まいしゅう) 宝(たから)くじを買(か)っていますね。

三木(みき): はい、一度(いちど)も当(あ)たったことはありませんが、
今週(こんしゅう)もまた買(か)ってしまいました。

金(きむ): もし____________________、仕事(しごと)を辞(や)めますか。

三木(みき): 宝(たから)くじに当(あ)たっても、____________________。

金(きむ): 仕事(しごと)がそんなに好(す)きですか。幸(しあわ)せな人生(じんせい)ですね。

三木(みき): 実(じつ)は仕事(しごと)よりも
会社(かいしゃ)の近(ちか)くにある行(い)きつけの店(みせ)で飲(の)むビールが大好(だいす)きで…。

金(きむ): あり得(え)ない。それが仕事(しごと)を辞(や)めない理由(りゆう)ですか。

일본어를 모두 채워 쓴 후, 우리말 해석을 써 보자.

김:
미키:
김:
미키:
김:
미키:
김:

かるがる ぶんか

카루가루 문화

'연말연시'의 인사!　年末年始(ねんまつねんし)の挨拶(あいさつ)！

일본은 설날 전에 나누는 인사와 1월 1일 이후에 나누는 인사가 다르다.

12월 31일까지는 (설날 전)

よいお年(とし)を（お迎(むか)えください）。

좋은 한 해를 (맞이하세요).

1월 1일부터는 (설날 이후)

明(あ)けましておめでとうございます。（今年(ことし)もよろしくお願(ねが)いします。）

새해가 밝아서 축하드립니다. (올해도 잘 부탁드립니다.)

30과 冬休(ふゆやす)みは何(なに)をしようと思(おも)いますか。

겨울 방학은 무엇을 하려고 합니까?

30과 포인트강의 30과 음원듣기

かるがる たんご 15
카루가루 단어 15

30_1.mp3

髪(かみ)を切(き)る
머리카락을 자르다

朝(あさ)、起(お)きる
아침에 일어나다

字(じ)を書(か)く
글씨를 쓰다

汚(きたな)い
더럽다

部屋(へや)の掃除(そうじ)をする
방 청소를 하다

昼寝中(ひるねちゅう)
낮잠 중

隣(となり)で遊(あそ)ぶ
옆에서 놀다

お皿(さら)を使(つか)う
접시를 사용하다

大切(たいせつ)だ
소중하다

ボランティア活動(かつどう)
봉사 활동

飛行機(ひこうき)の予約(よやく)
비행기 예약

子供達(こどもたち)
아이들

ゲストハウスに泊(と)まる
게스트 하우스에 묵다

写真(しゃしん)を撮(と)る
사진을 찍다

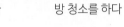

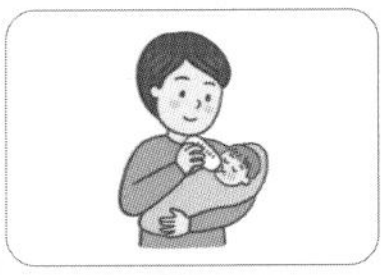

世話(せわ)をする
돌보다

그 외에 알아두면 좋은 단어

長(なが)い 길다　**短(みじか)い** 짧다　**早(はや)い** (시간상) 빠르다　**速(はや)い** (속도상) 빠르다

小(ちい)さい 작다　**大(おお)きい** 크다　**きれいだ** 깨끗하다　**静(しず)かだ** 조용하다

高(たか)そうだ 비쌀 것 같다　**いつ** 언제　**いつも** 항상/언제나　**ずっと** 계속/쭉

今日(きょう)こそ 오늘이야말로　**まだ** 아직　**先週(せんしゅう)** 지난주　**他(ほか)に** 그 외에　**遅刻(ちこく)** 지각

1

3그룹 무조건 암기!

する 하다	→ **しよう** 하자/해야지	**くる** 오다	→ **★こよう** 오자/와야지
	しようと思う(おもう) 하려고 한다		**こようと思う**(おもう) 오려고 한다

2그룹 る + よう

おきる 일어나다	→ **おきるよう** 일어나자/일어나야지	**かける** 걸다	→ **かけるよう** 걸자/걸어야지
	おきようと思う(おもう) 일어나려고 한다		**かけようと思う**(おもう) 걸려고 한다

1그룹 [う]단 ⇨ [お]단 + う

かく [꾸] 쓰다	→ **かこう** [꼬] 쓰자/써야지	**あそぶ** [부] 놀다	→ **あそぼう** [보] 놀자/놀아야지
	かこうと思う(おもう) 쓰려고 한다		**あそぼうと思う**(おもう) 놀려고 한다

▶ ～(よ)う ~하자 〈권유〉 / ~해야지 〈의지〉

～(よ)うと思う(おもう) ~하려고 한다 〈가벼운 의지(하려고 아직 생각 중일 경우)〉

2

する
하다

あそぶ
놀다

↓ 예정 よてい

↓ 생각 つもり

예 する予定(よてい)	遊(あそ)ぶ予定(よてい)	するつもり	遊(あそ)ぶつもり
할 예정	놀 예정	할 생각	놀 생각

▶ 동사 기본형 + 予定(よてい)です　~할 예정입니다　〈구체적인 계획 (주로 시간과 장소가 정해졌을 경우)〉
동사 기본형 + つもりです　~할 생각입니다　〈굳은 의지 (하기로 결정, 구체적인 스케줄까지는 아직일 경우)〉

- 일본에 가려고 합니다.　日本(にほん)に行(い)こうと思(おも)います。(일본에 가려고 아직 생각 중일 경우)
- 일본에 갈 예정입니다.　日本(にほん)に行(い)く予定(よてい)です。(비행기 티켓 또는 호텔이 정해졌을 경우)
- 일본에 갈 생각입니다.　日本(にほん)に行(い)くつもりです。(일본에 갈 마음은 정해졌지만, 스케줄은 아직일 경우)

3

はやい
빠르다
→
はや(い) + く
빨리/빠르게

しずかだ
조용하다
→
しずか(だ) + に
조용히/조용하게

▶ い형용사 : ~(い) + く
な형용사 : ~(だ) + に
~히/~하게《형용사의 부사화》

- 빨리 와 주세요.　早(はや)く来(き)てください。
- 도서관에서는 조용히 해 주세요.　図書館(としょかん)では静(しず)かにしてください。

1

3그룹

하다 する	하자/해야지 しよう	하려고 합니다 しようと思(おも)います
오다 来(く)る		

2

2그룹

일어나다 起(お)きる	일어나자/일어나야지 起(お)き~~る~~よう	일어나려고 합니다 起(お)きようと思(おも)います
자다 寝(ね)る		
보다 見(み)る		
걸다 かける		

3

1그룹

쓰다 書(か)く	쓰자/써야지 書(か)~~く~~こう	쓰려고 합니다 書(か)こうと思(おも)います
기다리다 待(ま)つ		
마시다 飲(の)む		
놀다 遊(あそ)ぶ		
이야기하다 話(はな)す		
~에 묵다 ~に泊(と)まる		
자르다 切(き)る		
사다 買(か)う		
사용하다 使(つか)う		

4

크다 大(おお)きい	크게 大(おお)きく
빠르다 速(はや)い	빠르게/빨리
늦다 遅(おそ)い	늦게
길다 長(なが)い	길게

5

크게 씁니다.	大(おお)きく書(か)きます。
빠르게	
늦게	
길게	

6

능숙하다 上手(じょうず)だ	능숙하게/능숙히 上手(じょうず)に
간단하다 簡単(かんたん)だ	간단하게/간단히
성실하다 まじめだ	성실하게/성실히
친절하다 親切(しんせつ)だ	친절하게/친절히

7

능숙하게 말해 주세요.	上手(じょうず)に話(はな)してください。
간단하게	
성실히(진지하게)	
친절히	

30과 쉐도잉 훈련

정답 ▶▶▶ 부록 249쪽

髪(かみ)が長(なが)い / 
短(みじか)い + 切(き)る

예 A: 머리가 기네요. 髪(かみ)が長(なが)いですね。

B: 그렇네요. 짧게 자르려고 합니다. そうですね。短(みじか)く切(き)ろうと思(おも)います。

1 
いつも遅刻(ちこく) / 
明日(あした)からは早(はや)い + 起(お)きる

2 
字(じ)が小(ちい)さい / 
これから大(おお)きい + 書(か)く

3 
部屋(へや)がきたない / 
きれいだ + 掃除(そうじ)をする

4 
子供(こども)が昼寝中(ひるねちゅう) / 
隣(となり)で静(しず)かだ + 遊(あそ)ぶ

5 
このお皿(さら)は高(たか)そうだ / 
大切(たいせつ)だ + 使(つか)う

정답 ▶▶▶ 부록 250쪽

★ 더 어울리는 문장을 골라 O표 하세요.

예 A: 1월은 무엇을 할 (예정 / 생각)입니까? 1月(がつ)は何(なに)をする(予定(よてい) / つもり)ですか。

B: 봉사 활동을 할 (예정 / 생각)입니다. ボランティア活動(かつどう)をする(予定(よてい) / つもり)です。

1 A: 언제 봉사하러 갈 (예정 / 생각)입니까? いつボランティアに行(い)く(予定(よてい) / つもり)ですか。

B: 1월 14일에 갈 (예정 / 생각)입니다. 1月14日(がつじゅうよっか)に行(い)く(予定(よてい) / つもり)です。

2 A: 무엇으로 갈 (예정 / 생각)입니까? 何(なに)で行(い)く(予定(よてい) / つもり)ですか。

B: 비행기로 갈 (예정 / 생각)입니다. 飛行機(ひこうき)で行(い)く(予定(よてい) / つもり)です。

3 A: 어디에 묵을 (예정 / 생각)입니까? どこに泊(と)まる(予定(よてい) / つもり)ですか。

B: 게스트 하우스에 묵을 (예정 / 생각)입니다. ゲストハウスに泊(と)まる(予定(よてい) / つもり)です。

4 A: 무엇을 할 (예정 / 생각)입니까? 何(なに)をする(予定(よてい) / つもり)ですか。

B: 아이들과 즐겁게 놀 (예정 / 생각)입니다. 子供達(こどもたち)と楽(たの)しく遊(あそ)ぶ(予定(よてい) / つもり)です。

5 A: 그 외에는 무엇을 할 (예정 / 생각)입니까? 他(ほか)には何(なに)をする(予定(よてい) / つもり)ですか。

B: 아이들과 함께 사진을 찍을 (예정 / 생각)입니다. 子供達(こどもたち)と一緒(いっしょ)に写真(しゃしん)を撮(と)る(予定(よてい) / つもり)です。

정답 ▶▶▶ 부록 251쪽

友だちと ペラペラ

친구와 술술

오늘이야말로 꼭 하자! 今日(きょう)こそ、しよう！

ずっとしようと思(おも)っているけど、まだしていないのは何(なん)ですか。

계속 하려고 (생각)하고 있지만, 아직 하지 않고 있는 것은 무엇입니까?

예

髪(かみ)を切(き)る 머리를 자르다 (아직 x)

電話(でんわ)をかける 전화를 걸다 (아직 x)

...

힌트

先週(せんしゅう)から髪(かみ)を切(き)ろうと思(おも)っているけど、まだです。

지난주부터 머리를 자르려고 하고 있지만, 아직입니다.

昨日(きのう)からずっと電話(でんわ)をかけようと思(おも)っているけど、まだです。

어제부터 계속 전화를 걸려고 하고 있지만, 아직입니다.

카루가루 본문

三木(みき): もう、１２月(がつ)ですね。冬休(ふゆやす)みは何(なに)をしようと思(おも)いますか。

金(きむ)： １月(がつ)１４日から一ヶ月間(いっかげつかん)ボランティアに行(い)く予定(よてい)です。

三木(みき): すごい！どんなボランティアですか。

金(きむ)： 戦争(せんそう)で親(おや)を亡(な)くした子供達(こどもたち)の世話(せわ)をするボランティアです。

三木(みき): そこで何(なに)をしますか。

金(きむ)： 子供達(こどもたち)と一緒(いっしょ)に部屋(へや)をきれいに掃除(そうじ)したり、
楽(たの)しく遊(あそ)んだりするつもりです。

三木(みき): 私(わたし)もボランティア活動(かつどう)には興味(きょうみ)がありますが、
子供(こども)がちょっと苦手(にがて)で…。

金(きむ)： ボランティア活動(かつどう)は他(ほか)にもいろいろあります。動物(どうぶつ)の世話(せわ)をしたり、海(うみ)や山(やま)をきれいにしたりする活動(かつどう)もありますよ。

たんご

もう 이미/벌써 | 冬休(ふゆやす)み 겨울 방학 | 一ヶ月間(いっかげつかん) 1개월간 | ボランティア 봉사 | すごい 대단하다
戦争(せんそう) 전쟁 | 親(おや) 부모 | 亡(な)くす 잃다/여의다 | 子供達(こどもたち) 아이들 | 世話(せわ)をする 돌보다 | そこ 거기/그곳
一緒(いっしょ)に 함께/같이 | 部屋(へや) 방 | きれいだ 깨끗하다 | 掃除(そうじ) 청소 | 楽(たの)しい 즐겁다 | 遊(あそ)ぶ 놀다
活動(かつどう) 활동 | 興味(きょうみ)がある 관심(흥미)이 있다 | 苦手(にがて)だ 자신 없다 | 他(ほか)に 그 외에 | 動物(どうぶつ) 동물
海(うみ) 바다 | ～や ~(이)나 | 山(やま) 산

미키 : 벌써 12월이군요. 겨울 방학은 무엇을 하려고 합니까?

김 : 1월 14일부터 1개월간 봉사하러 갈 예정입니다.

미키 : 대단하다! 어떤 봉사입니까?

김 : 전쟁으로 부모를 잃은 아이들을 돌보는 봉사입니다.

미키 : 그곳에서 무엇을 합니까?

김 : 아이들과 함께 방을 깨끗하게 청소하거나, 즐겁게 놀거나 할 생각입니다.

미키 : 나도 봉사 활동에는 관심이 있지만,
아이가 좀 자신 없어서(대하기가 어려워서)….

김 : 봉사 활동은 그 외에도 여러 가지가 있습니다.
동물을 돌보거나, 바다나 산을 깨끗하게 하거나 하는 활동도 있습니다.

世話(せわ) 도와줌 / 보살핌 / 신세

활용 방법

- 世話(せわ)をする 돌보다 / 보살펴 주다

  예 아들이 고양이를 돌보고 있습니다. 息子(むすこ)がねこの世話(せわ)をしています。

- お世話(せわ)になる 신세를 지다

  예 선생님, 지금까지 신세 많았습니다. 先生(せんせい)、今(いま)までお世話(せわ)になりました。

음성을 들으며 일본어로 빈칸을 채워 써 보자.

三木: もう、１２月ですね。冬休みは何を____________________。

金: １月１４日から一ヶ月間ボランティアに______________。

三木: すごい！どんなボランティアですか。

金: 戦争で親を亡くした子供達の世話をするボランティアです。

三木: そこで何をしますか。

金: 子供達と一緒に部屋をきれいに掃除したり、
楽しく遊んだり________________。

三木: 私もボランティア活動には興味がありますが、子供がちょっと苦手で…。

金: ボランティア活動は他にもいろいろあります。動物の世話をしたり、
海や山をきれいにしたりする活動もありますよ。

일본어를 모두 채워 쓴 후, 우리말 해석을 써 보자.

미키:
김:
미키:
김:
미키:
김:
미키:
김:

'일본'은 和! 日本(にほん)は、和(わ)!

'일본'을 칭하는 단어에는 「和(わ)」를 넣어 많이 사용한다.

和食(わしょく) 일식

和風(わふう) 일본풍

和室(わしつ) 일본식(다다미가 깔려 있는) 방

和牛(わぎゅう) 일본 품종의 소고기

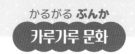

31과 どんどんできるようになりました。

척척 할 수 있게 되었습니다.

31과 포인트강의　31과 음원듣기

かるがる たんご 15

카루가루 단어 15

31_1.mp3

一人(ひとり)で動(うご)く
혼자서 움직이다

窓(まど)を開(あ)ける
창문을 열다

服(ふく)を捨(す)てる
옷을 버리다

海(うみ)で泳(およ)ぐ
바다에서 수영하다

100万円(まんえん)をもらう
100만 엔을 받다

よく見(み)える
잘 보이다

音(おと)が聞(き)こえる
소리가 들리다

合格(ごうかく)する
합격하다

風邪(かぜ)を引(ひ)く
감기에 걸리다

約束(やくそく)を忘(わす)れる
약속을 잊다

電気(でんき)を付(つ)ける
불을 켜다

お祈(いの)りをする
기도를 하다

うがいをする
가글을 하다

選(えら)ぶ
고르다/선택하다

手伝(てつだ)う
돕다

그 외에 알아두면 좋은 단어

メモ 메모
一人暮(ひとりぐ)らし 혼자 살기/자취
前(まえ) 전/앞
子供(こども)の時(とき) 어렸을 때
食(た)べ物(もの) 음식
人生(じんせい) 인생

1

3그룹 무조건 암기!

する 하다	→	**★できる** 할 수 있다	**くる** 오다	→	**こられる** 올 수 있다

2그룹 る + られる

すてる 버리다	→	**すて(る)られる** 버릴 수 있다	**きる** 입다	→	**き(る)られる** 입을 수 있다

1그룹 [う]단 ⇨ [え]단 + る

いく [꾸] 가다	→	**いける** [께] 갈 수 있다	**のむ** [무] 마시다	→	**のめる** [메] 마실 수 있다

▶ ~が + 가능 동사　~을/를 할 수 있다 〈가능형〉

비슷한 가능 표현으로 '[15과] 동사 기본형 + ことができる ~하는 것이 가능하다'가 있다.

- 맥주를 마실 수 있다.　ビールが飲(の)める。
- 맥주를 마시는 것이 가능하다.　ビールを飲(の)むことができる。

2

みえる	みえない	わすれる	わすれない
보이다	보이지 않다	잊다	잊지 않다

↓ ~하도록 ～ように

예 みえるように　みえないように　わすれるように　わすれないように

보이도록　보이지 않도록　잊도록　잊지 않도록

▶ 동사 기본형 + ように　~하도록

▶ 동사 ない형 + ように　~하지 않도록

- 잘 보이도록 크게 써주세요.　よく見(み)えるように大(おお)きく書(か)いてください。
- 잊지 않도록 메모해 주세요.　忘(わす)れないようにメモしてください。

3

たべる	たべられる
먹다	먹을 수 있다

↓ ~하게 되다 ～ようになる

예 たべるようになる　たべられるようになる

먹게 되다　먹을 수 있게 되다

▶ 동사 기본형
동사 가능형 + ようになる　~하게 되다/~하도록 되다 〈상태의 변화〉

즉, 과거에는 아니었지만 현재 바뀐 변화를 나타낸다.

- 지금은 혼자 살기 때문에, 혼자서 밥을 먹게 되었습니다.
  今(いま)は一人暮(ひとりぐ)らしだから、一人(ひとり)でご飯(はん)を食(た)べるようになりました。
- 지금은 채소를 먹을 수 있게 되었습니다.　今(いま)は野菜(やさい)が食(た)べられるようになりました。

1

3그룹

하다 **する**	할 수 있니? **できる?**	할 수 있습니까? **できますか**
오다 **来(く)る**		

2

2그룹

먹다 **食(た)べる**	먹을 수 있니? **食(た)べ(る)られる?**	먹을 수 있습니까? **食(た)べられますか**
입다 **着(き)る**		
잊다 **忘(わす)れる**		

3

1그룹

가다 **行(い)く**	갈 수 있니? **行(い)(く)ける?**	갈 수 있습니까? **行(い)けますか**
수영하다 **泳(およ)ぐ**		
기다리다 **待(ま)つ**		
마시다 **飲(の)む**		
고르다 **選(えら)ぶ**		
이야기하다 **話(はな)す**		
돌아가다 **帰(かえ)る**		
사다 **買(か)う**		
받다 **もらう**		

31과 쉐도잉 훈련

정답 ▶▶▶ 부록 251쪽

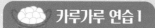

카루가루 연습 2

예 お水(みず)を飲(の)む

A: 물을 마실 수 있습니까?　　お水(みず)が飲(の)めますか。

 ○　　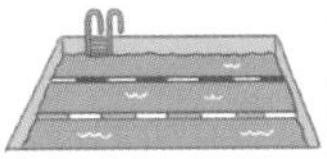 ×

B1: 네, 물을 마실 수 있습니다.　　B2: 아니요, 물을 마실 수 없습니다.

はい、お水(みず)が飲(の)めます。　　いいえ、お水(みず)が飲(の)めません。

1 一人(ひとり)で動(うご)く　 ○　 ×

2 窓(まど)を開(あ)ける　 ○　 ×

3 服(ふく)を捨(す)てる　 ○　 ×

4 海(うみ)で泳(およ)ぐ　 ○　 ×

5 100万円(まんえん)をもらう　

○　

×

예 よく見^みえる (**O**)

A: 잘 보이도록 어떻게 합니까?　　　よく見^みえるようにどうしますか。

B: 잘 보이도록 불을 켭니다.　　　　よく見^みえるように電気^{でんき}を付^つけます。

예　| よく見^みえる (**O**) | ·　　　　·　メモをする

1　| よく聞^きこえる (**O**) | ·　　　　·　お祈^{いの}りをする

2　| 合格^{ごうかく}する (**O**) | ·　　　　·　音^{おと}を大^{おお}きくする

3　| 風邪^{かぜ}を引^ひく (**✕**) | ·　　　　·　電気^{でんき}を付^つける

4　| 約束^{やくそく}を忘^{わす}れる (**✕**) | ·　　　　·　うがいをする

정답 ▶▶▶ 부록 252쪽

1

전에는 <u>골프</u> 를(을) 못 했지만, 지금은 할 수 있게 되었습니다.

前は <u>ゴルフ</u> ができませんでしたが、今はできるようになりました。

2

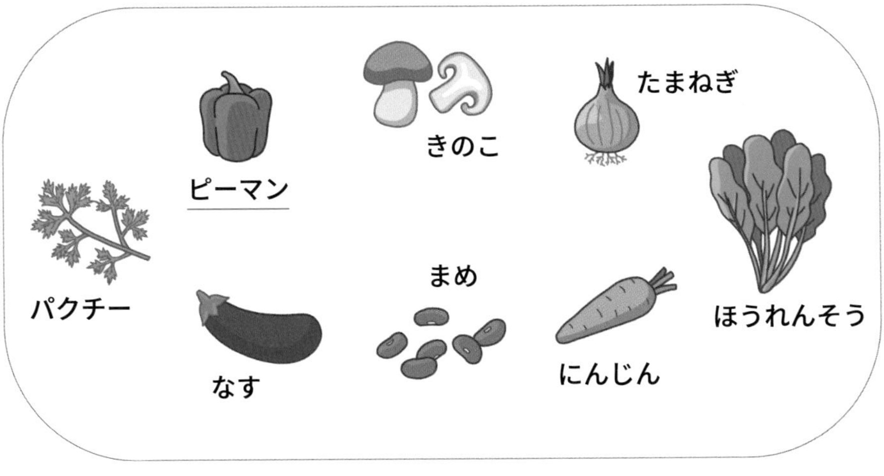

어렸을 때는 <u>피망</u> 을(를) 못 먹었지만, 지금은 먹을 수 있게 되었습니다.

子供の時は <u>ピーマン</u> が食べられませんでしたが、今は食べられるようになりました。

정답 ▶▶▶ 부록 253쪽

友だちと ペラペラ

친구와 술술

무엇을 고를 거야?　　何(なに)を選(えら)ぶ？

내일부터는 하나의 음식밖에 먹을 수 없습니다(마실 수 없습니다).

明日(あした)からは1つ(ひと)の食(た)べ物(もの)しか食(た)べられません(飲(の)めません)。

당신은, 어느 음식을 고르겠습니까?

あなたは、どの食(た)べ物(もの)を選(えら)びますか。

❶ お米(こめ)

❷ お肉(にく)

❸ 野菜(やさい)

❹ 薬(くすり)

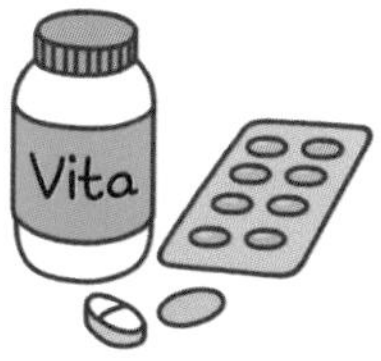

정답 ▶▶▶ 부록 253쪽

힌트

❶番(ばん)のお米(こめ)にします。

❶번 '쌀'로 하겠습니다.

三木: これから断捨離をしたいですが、何かアドバイスありますか。

金: そうですね。断捨離はどうして、したいですか。

三木: 実は、私、服が大好きですが、片付けが全然だめです。

金: 私も最初はそうでしたが、どんどんできるようになりました。

三木: じゃあ、何から始めた方がいいですか。

金: まずは要らない物から捨てましょう。

三木: どれも思い出がいっぱいで、なかなか捨てられません。

金: 大切な思い出は忘れないようにして、物だけ捨てましょう。

たんご

これから 이제부터 | 断捨離 미니멀 라이프 | 何か 무언가 | アドバイス 어드바이스 | ある 있다
実は 실은 | 服 옷 | 大好きだ 아주 좋아하다 | 片付け 정리 | 全然 전혀 | だめだ 안 되다
最初 맨 처음 | どんどん 척척 | 始める 시작하다 | まず 우선 | 要る 필요하다 | 物 물건
捨てる 버리다 | どれ 어느 것 | 思い出 추억 | なかなか 좀처럼 | 大切だ 소중하다 | 忘れる 잊다

미키 : 이제부터 미니멀 라이프를 하고 싶은데, 무언가 어드바이스 있습니까?

김 : 글쎄요. 미니멀 라이프는 왜 하고 싶습니까?

미키 : 실은, 저, 옷을 아주 좋아하는데, 정리가 전혀 안 됩니다.

김 : 저도 맨 처음은 그랬었지만, 척척 할 수 있게 되었습니다.

미키 : 그럼, 무엇부터 시작하는 편이 좋겠습니까?

김 : 우선은 필요 없는 물건부터 버립시다.

미키 : 어느 것도 추억이 가득이어서, 좀처럼 버릴 수 없습니다.

김 : 소중한 추억은 잊지 않도록 하고, 물건만 버립시다.

'미니멀 라이프'의 일본어 「**断捨離**(단샤리)」

불필요한 것을 끊고(断), 물건에 대한 집착을 버림(捨)으로써, 몸과 마음 모두 홀가분하게 벗어나는(離) 생활이나 삶을 지향하는 사고방식. 일본의 요가 지도자인 '오키 마사히로'가 제창한 요가 사상.

[응용 예시]

- デジタル断捨離 불필요한 메일이나 어플 등을 삭제하거나 정리하는 것
- 人の断捨離 나를 배려하지 않거나 불필요한 인간관계를 정리하는 것
- 情報の断捨離 무수한 정보를 얻는 인터넷, TV 등을 보지 않는 것

음성을 들으며 일본어로 빈칸을 채워 써 보자.

三木(みき): これから断捨離(だんしゃり)をしたいですが、何(なに)かアドバイスありますか。

金(きむ): そうですね。断捨離(だんしゃり)はどうして、したいですか。

三木(みき): 実(じつ)は、私(わたし)、服(ふく)が大好(だいす)きですが、片付(かたづ)けが全然(ぜんぜん)だめです。

金(きむ): 私(わたし)も最初(さいしょ)はそうでしたが、どんどん________________。

三木(みき): じゃあ、何(なに)から始(はじ)めた方(ほう)がいいですか。

金(きむ): まずは要(い)らない物(もの)から捨(す)てましょう。

三木(みき): どれも思(おも)い出(で)がいっぱいで、なかなか____________。

金(きむ): 大切(たいせつ)な思(おも)い出(で)は____________して、物(もの)だけ捨(す)てましょう。

일본어를 모두 채워 쓴 후, 우리말 해석을 써 보자.

미키:

김:

미키:

김:

미키:

김:

미키:

김:

'회화'의 비법은 맞장구! 会話のコツは、あいづち！

✪ 공감할 때

わかるわかる。 알지 알지.

やっぱり。 역시.

なるほど。 그랬었군.

そのとおりです。 (말 한) 그대로입니다.

✪ 좋은 소식을 들었을 때

よかったですね。 잘됐군요.

すごいですね。 대단하네요.

さすがですね。 역시. (+ 평판이나 내 생각대로 역시 좋았군.)

✪ 안 좋은 소식을 들었을 때

大変ですね。 힘드시겠네요.

残念ですね。 안타깝네요.

ひどいですね。 심하네요.

頑張ってください。 힘내세요.

✪ 칭찬을 들었을 때 겸손의 표현

いいえ、いいえ。 아녜요, 아녜요.

まだまだです。 아직 멀었습니다.

そんなことないですよ。 그렇지 않습니다.

32과 もうすっかり冬(ふゆ)になりましたね。

이제 완전히 겨울이 되었네요.

32과 포인트강의 32과 음원 듣기

かるがる たんご 15

카루가루 단어 15

32_1.mp3

仲(なか)(が)良(い)い
사이(가) 좋다/친하다

心配(しんぱい)
걱정/근심

眠(ねむ)い
졸리다

忙(いそが)しい
바쁘다

スキー場(じょう)に行(い)く
스키장에 가다

頭(あたま)が痛(いた)い
머리가 아프다

体(からだ)の調子(ちょうし)が悪(わる)い
몸 상태가 나쁘다

花(はな)が咲(さ)く
꽃이 피다

雪(ゆき)が降(ふ)る
눈이 내리다

紅葉(こうよう)がきれいだ
단풍이 예쁘다

ストレスがたまる
스트레스가 쌓이다

ストレス解消(かいしょう)
스트레스 해소

シャワーを浴(あ)びる
샤워를 하다

おしゃべりをする
수다를 떨다

サッカーの試合(しあい)
축구 시합

그 외에 알아두면 좋은 단어

春(はる) 봄 **夏(なつ)** 여름 **秋(あき)** 가을 **冬(ふゆ)** 겨울 **寒(さむ)い** 춥다
暑(あつ)い 덥다 **プール** 수영장 **ひみつ** 비밀 **すいか** 수박 **市場(いちば)** 시장
前(まえ)より 전보다 **一緒(いっしょ)に** 함께/같이 **ゆっくり休(やす)む** 푹 쉬다 **山(やま)に登(のぼ)る** 산에 오르다

1

명사

せんせい 선생님 → **せんせい**に + なる 선생님이 되다

な형용사

じょうずだ 잘하다 → **じょうずだ**に + なる 잘하게 되다/잘 해지다

い형용사

あつい 덥다 → **あつい**く + なる 덥게 되다/더워지다

▶ 〈상태의 변화〉 (과거 x → 현재 o)

명사/な형용사 + になる
い형용사 + くなる
~하게 되다/~해 지다

- 선생님이 되었습니다. 先生(せんせい)になりました。
- 일본어를 잘하게 되었습니다. 日本語(にほんご)が上手(じょうず)になりました。
- 서울은 더워졌습니다. ソウルは暑(あつ)くなりました。

2

たべる 먹다	**なる** 되다	**たまる** 쌓이다

↓ ~하면 ～と

たべると 먹으면	**なると** 되면	**たまると** 쌓이면

▶ 〈가정〉 표현

동사 기본형 + と ~하면(～と 뒤에는 당연한 결과, 습관 표현이 주로 온다.)

- 여름이 되면, 더워집니다. 夏(なつ)になると、暑(あつ)くなります。
- 스트레스가 쌓이면, 병이 됩니다. ストレスがたまると、病気(びょうき)になります。

1

명사

봄이 되었습니다.	春(はる)になりました。
겨울	冬(ふゆ)
혼자	一人(ひとり)
친한 친구	仲(なか)いい友達(ともだち)

2

な형용사

유명하게 되었습니다(~해 졌습니다).	有名(ゆうめい)だになりました。
잘하다	上手(じょうず)だ
예쁘다/깨끗하다	きれいだ
아주 좋아하다	大好(だいす)きだ

3

い형용사

즐겁게 되었습니다(~해 졌습니다).	楽(たの)しいくなりました。
춥다	寒(さむ)い
졸리다	眠(ねむ)い
바쁘다	忙(いそが)しい

4

동사의 たい

가고 싶어졌습니다.	行(い)きたいくなりました。
먹고 싶다	食(た)べたい
쉬고 싶다	休(やす)みたい
선생님이 되고 싶다	先生(せんせい)になりたい

32과 쉐도잉 훈련

카루가루 연습 2

もう冬(ふゆ)です。

예 벌써 겨울이 되었습니다.

もう冬(ふゆ)になりました。

寒(さむ)いです。

1 ____________

スキー場(じょう)に行(い)きました。

スキーが楽(たの)しいです。

2 ____________

前(まえ)よりスキーが上手(じょうず)です。

3 ____________

スキーが大好(だいす)きです。

4 ____________

仕事(しごと)が忙(いそが)しいです。

5 ____________

頭(あたま)が痛(いた)いです。

6 ____________

体(からだ)の調子(ちょうし)が悪(わる)いです。

7 ____________

心配(しんぱい)です。

8 ____________

家(いえ)でゆっくり休(やす)みました。

体(からだ)の調子(ちょうし)がいいです。

9 ____________

예 春(はる)になる

A: 봄이 되면, 어떻게 됩니까? 春(はる)になると、どうなりますか。

B: 봄이 되면, 꽃이 핍니다. 春(はる)になると、花(はな)が咲(さ)きます。

*정답은 하나가 아니에요!

예 春(はる)になる

1 夏(なつ)になる

2 秋(あき)になる

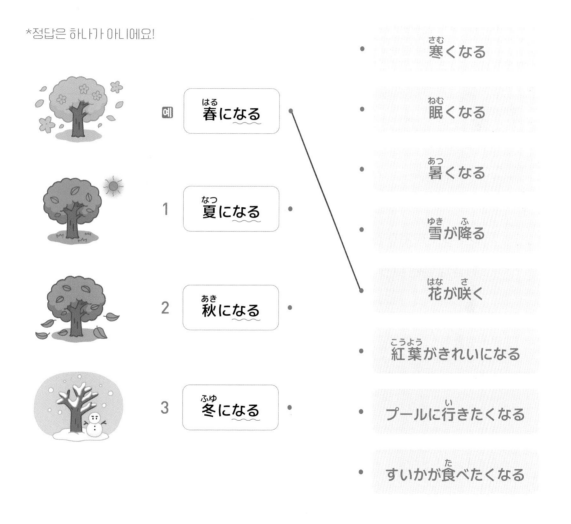

3 冬(ふゆ)になる

- 寒(さむ)くなる
- 眠(ねむ)くなる
- 暑(あつ)くなる
- 雪(ゆき)が降(ふ)る
- 花(はな)が咲(さ)く
- 紅葉(こうよう)がきれいになる
- プールに行(い)きたくなる
- すいかが食(た)べたくなる

정답 ▶▶▶ 부록 254쪽

술술 연습

A: 스트레스가 쌓였습니다.　　ストレスがたまりました。

무엇을 하면, 스트레스 해소가 됩니까?　　何(なに)をすると、ストレス解消(かいしょう)になりますか。

예

1

2

3

4

5

예 シャワーを浴(あ)びる	山(やま)に登(のぼ)る	友達(ともだち)とおしゃべりをする
好(す)きな物(もの)を買(か)う	市場(いちば)に行(い)く	サッカーの試合(しあい)を見(み)る

예 B: 샤워를 하면, 스트레스 해소가 됩니다.

シャワーを浴(あ)びると、ストレス解消(かいしょう)になります。

1

2

3

4

5

정답 ▶▶▶ 부록 254쪽

友だちと ペラペラ

친구와 술술

뭘 하면 친해질까? 何をすると、仲良くなる？

친해지고 싶은 사람이 있습니다.

仲良くなりたい人がいます。

함께 무엇을 하면, 친해집니까?

一緒に何をすると、仲が良くなりますか。

예

...

힌트

一緒にお酒を飲むと、仲良くなります。

함께 술을 마시면, 친해집니다.

一緒にひみつを話すと、仲良くなります。

함께 비밀을 이야기하면, 친해집니다.

一緒に旅行に行くと、仲良くなります。

함께 여행을 가면, 친해집니다.

카루가루 본문

三木(みき): 最近(さいきん)、寒(さむ)くなりましたね。

金(きむ): そうですね。もうすっかり冬(ふゆ)になりましたね。

三木(みき): 毎年(まいとし)、年末(ねんまつ)になると、忙(いそが)しくて大変(たいへん)です。

金(きむ): お仕事(しごと)で忙(いそが)しくなりますか。

三木(みき): いいえ、スキーコミュニティで毎年(まいとし)、冬(ふゆ)は忙(いそが)しいです。

金(きむ): 三木(みき)さんはスキーが上手(じょうず)ですか。

三木(みき): 前(まえ)より上手(じょうず)になりました。スキーをすると、
ストレス解消(かいしょう)になります。今度(こんど)、金(きむ)さんも一緒(いっしょ)にどうですか。

金(きむ): ぜひ一緒(いっしょ)に行(い)きたいです。楽(たの)しみですね。

たんご

最近(さいきん) 요즘/최근 | 寒(さむ)い 춥다 | もうすっかり 이제 완전히 | 冬(ふゆ) 겨울 | 毎年(まいとし) 매년 | 年末(ねんまつ) 연말
忙(いそが)しい 바쁘다 | 大変(たいへん)だ 힘들다 | お仕事(しごと)で 일로/일 때문에 | コミュニティ 동호회
上手(じょうず)だ 잘하다 | 前(まえ) 전 | ~より ~보다 | ストレス解消(かいしょう) 스트레스 해소 | 今度(こんど) 다음에
一緒(いっしょ)に 함께 | どうですか 어떻습니까 | ぜひ 꼭/부디 | 行(い)く 가다 | 楽(たの)しみ 기대됨

미키 : 요즘, 추워졌군요.

김 : 그렇군요. 이제 완전히 겨울이 되었네요.

미키 : 매년, 연말이 되면, 바빠서 힘듭니다.

김 : 일로 바빠집니까?

미키 : 아니요. 스키 동호회로 매년, 겨울은 바쁩니다.

김 : 미키 씨는 스키를 잘 탑니까?

미키 : 전보다 잘 타게 되었습니다. 스키를 타면, 스트레스 해소가 됩니다. 다음에, 김 씨도 함께 어떻습니까?

김 : 꼭 함께 가고 싶습니다. 기대되네요.

- 스키(스노보드)를 타다

スキー(スノーボード)に乗る(の) (X)

スキー(スノーボード)をする (O)

スキー(スノーボード)を滑る(すべ) (O)　▸ 滑る(すべ) 미끄러지다 (예외 1그룹)

예 1년 만에 스키를 탔습니다.　１年(ねん)ぶりにスキーをしました。

예 내일은 함께 스노보드를 탑시다.　明日(あした)は一緒(いっしょ)にスノーボードを滑(すべ)りましょう。

음성을 들으며 일본어로 빈칸을 채워 써 보자.

三木（みき）: 最近（さいきん）、＿＿＿＿＿＿＿＿＿＿＿＿＿＿ね。

金（きむ）: そうですね。もうすっかり＿＿＿＿＿＿＿＿＿＿＿＿＿＿ね。

三木（みき）: 毎年（まいとし）、＿＿＿＿＿＿＿＿＿＿＿＿＿＿、忙（いそが）しくて大変（たいへん）です。

金（きむ）: お仕事（しごと）で＿＿＿＿＿＿＿＿＿＿＿＿＿＿か。

三木（みき）: いいえ、スキーコミュニティで毎年（まいとし）、冬（ふゆ）は忙（いそが）しいです。

金（きむ）: 三木（みき）さんはスキーが上手（じょうず）ですか。

三木（みき）: 前（まえ）より＿＿＿＿＿＿＿＿＿＿＿＿＿＿。スキーをすると、ストレス解消（かいしょう）になります。今度（こんど）、金（きむ）さんも一緒（いっしょ）にどうですか。

金（きむ）: ぜひ一緒（いっしょ）に行（い）きたいです。楽（たの）しみですね。

일본어를 모두 채워 쓴 후, 우리말 해석을 써 보자.

미키:

김:

미키:

김:

미키:

김:

미키:

김:

かるがる ぶんか

카루가루 문화

'마법' 주문!　魔法(まほう)のおまじない！

いい子(こ)になれ！ 착한 아이가 돼라!

大(おお)きくなれ！ 커져라!

かわいくなれ！ 귀여워져라!

おいしくなれ！ 맛있어져라!

元気(げんき)になれ！ 기운 내(게 돼)라!

上手(じょうず)になれ！ 잘하게 돼라!

お金持(かねも)ちになれ！ 부자가 돼라!

幸(しあわ)せになれ！ 행복해져라!

有名(ゆうめい)になれ！ 유명해져라!

メモ

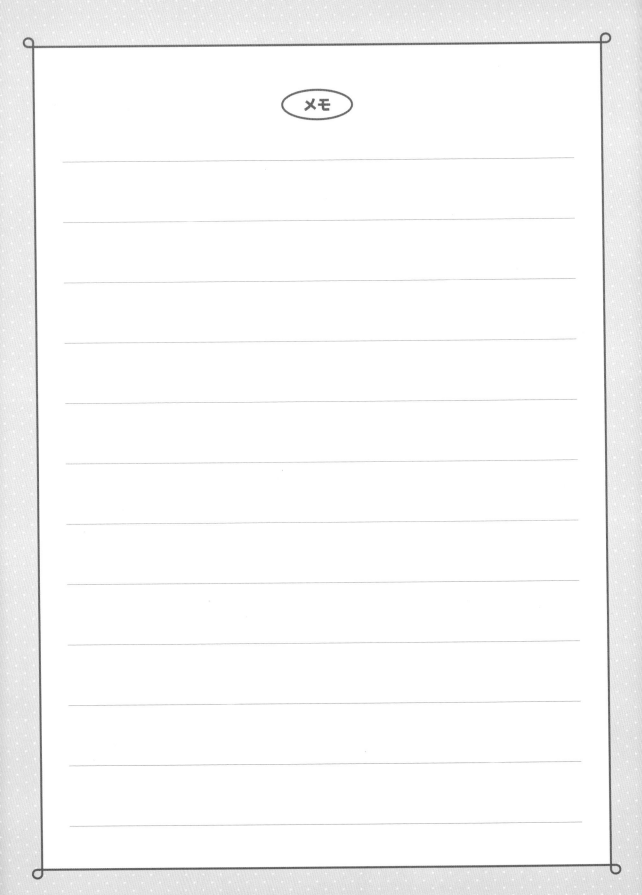

쉽고 빠르게

<ruby>카루가루<rt>かるがる</rt></ruby> 일본어

2

PAGODA Books

17과 写真を撮ってもいいですか。 사진을 찍어도 됩니까?

14쪽 **카루가루 연습 1**

1	와도 됩니다	来てもいいです	와서는 안 됩니다	来てはいけません
2	봐도 됩니다	見てもいいです	봐서는 안 됩니다	見てはいけません
	나와도 됩니다	出てもいいです	나와서는 안 됩니다	出てはいけません
	늦어도 됩니다	遅れてもいいです	늦어서는 안 됩니다	遅れてはいけません
3	울어도 됩니다	泣いてもいいです	울어서는 안 됩니다	泣いてはいけません
	기다려도 됩니다	待ってもいいです	기다려서는 안 됩니다	待ってはいけません
	읽어도 됩니다	読んでもいいです	읽어서는 안 됩니다	読んではいけません
	놀아도 됩니다	遊んでもいいです	놀아서는 안 됩니다	遊んではいけません
	이야기해도 됩니다	話してもいいです	이야기해서는 안 됩니다	話してはいけません
	찍어도 됩니다	撮ってもいいです	찍어서는 안 됩니다	撮ってはいけません
	살쪄도 됩니다	太ってもいいです	살쪄서는 안 됩니다	太ってはいけません
	타도 됩니다	乗ってもいいです	타서는 안 됩니다	乗ってはいけません
	가도 됩니다	行ってもいいです	가서는 안 됩니다	行ってはいけません

16쪽 **카루가루 연습 2**

1	A: 팝콘을 먹어도 됩니까?	A：ポップコーンを食べてもいいですか。
	B: 네, 먹어도 됩니다.	B：はい、食べてもいいです。
2	A: 사진을 찍어도 됩니까?	A：写真を撮ってもいいですか。
	B: 아니요, 찍어서는 안 됩니다.	B：いいえ、撮ってはいけません。
3	A: 담배를 피워도 됩니까?	A：たばこを吸ってもいいですか。
	B: 아니요, 피워서는 안 됩니다.	B：いいえ、吸ってはいけません。
4	A: 녹음을 해도 됩니까?	A：録音をしてもいいですか。
	B: 아니요, 해서는 안 됩니다.	B：いいえ、してはいけません。
5	A: 도중에 화장실에 가도 됩니까?	A：途中でトイレに行ってもいいですか。
	B: 네, 가도 됩니다.	B：はい、行ってもいいです。
6	A: 영화를 보고 울어도 됩니까?	A：映画を見て泣いてもいいですか。
	B: 네, 울어도 됩니다.	B：はい、泣いてもいいです。

17쪽 **카루가루 연습 2**

1	A: 무슨 일입니까?	A：どうしたんですか。
	B: 스마트폰을 잃어버렸습니다.	B：スマホを無(な)くしてしまいました。
2	A: 무슨 일입니까?	A：どうしたんですか。
	B: 수업에 늦어버렸습니다.	B：授業(じゅぎょう)に遅(おく)れてしまいました。
3	A: 무슨 일입니까?	A：どうしたんですか。
	B: 다쳐버렸습니다.	B：ケガをしてしまいました。
4	A: 무슨 일입니까?	A：どうしたんですか。
	B: 5킬로 살쪄버렸습니다.	B：５(ご)キロ太(ふと)ってしまいました。

18쪽 **술술 연습**

1	A: 무슨 일입니까?	A：どうしたんですか。
	B: 지갑을 잃어버렸습니다.	B：さいふを無(な)くしてしまいました。
	죄송하지만, 돈을 빌려도 됩니까?	すみませんが、お金(かね)を借(か)りてもいいですか。
	A: 네, 좋아요.	A：はい、いいですよ。
2	A: 무슨 일입니까?	A：どうしたんですか。
	B: 수업에 늦어버렸습니다.	B：授業(じゅぎょう)に遅(おく)れてしまいました。
	죄송하지만, 함께 택시를 타도 됩니까?	すみませんが、一緒(いっしょ)にタクシーに乗(の)ってもいいですか。
	A: 네, 좋아요.	A：はい、いいですよ。
3	A: 무슨 일입니까?	A：どうしたんですか。
	B: 다쳐버렸습니다.	B：ケガをしてしまいました。
	죄송하지만, 오늘 쉬어도 됩니까?	すみませんが、今日(きょう)休(やす)んでもいいですか。
	A: 네, 좋아요.	A：はい、いいですよ。
4	A: 무슨 일입니까?	A：どうしたんですか。
	B: 물을 많이 마셔버렸습니다.	B：お水(みず)をたくさん飲(の)んでしまいました。
	죄송하지만, 화장실에 가도 됩니까?	すみませんが、トイレに行(い)ってもいいですか。
	A: 네, 좋아요.	A：はい、いいですよ。

19쪽 **친구와 술술**

❶ 오토바이를 타도 됩니까? バイクに乗(の)ってもいいですか。

❷ 담배를 피워도 됩니까? たばこを吸(す)ってもいいですか。

❸ 술을 마셔도 됩니까? お酒(さけ)を飲(の)んでもいいですか。

❹ 수업 중에 자도 됩니까? 授業中(じゅぎょうちゅう)に寝(ね)てもいいですか。

❺ 수업 중에 만화를 읽어도 됩니까? 授業中(じゅぎょうちゅう)にまんがを読(よ)んでもいいですか。

❻ 밤 12시에 선생님에게 문자를 보내도 됩니까? 夜１２時(よるじゅうにじ)に先生(せんせい)にメールを送(おく)ってもいいですか。

18과 今(いま)、何(なに)をしていますか。 지금, 무엇을 하고 있습니까?

26쪽 **카루가루 연습 1**

1	오고 있다	来(き)ている	오고 있습니다	来(き)ています
2	입고 있다	着(き)ている	입고 있습니다	着(き)ています
	가르치고 있다	教(おし)えている	가르치고 있습니다	教(おし)えています
3	다니고 있다	通(かよ)っている	다니고 있습니다	通(かよ)っています
	일하고 있다	働(はたら)いている	일하고 있습니다	働(はたら)いています
	신고 있다	はいている	신고 있습니다	はいています
	들고 있다	持(も)っている	들고 있습니다	持(も)っています
	읽고 있다	読(よ)んでいる	읽고 있습니다	読(よ)んでいます
	놀고 있다	遊(あそ)んでいる	놀고 있습니다	遊(あそ)んでいます
	이야기하고 있다	話(はな)している	이야기하고 있습니다	話(はな)しています
	찍고 있다	撮(と)っている	찍고 있습니다	撮(と)っています
	춤추고 있다	踊(おど)っている	춤추고 있습니다	踊(おど)っています
	가고 있다	行(い)っている	가고 있습니다	行(い)っています

28쪽 **카루가루 연습 2**

1 A: 지금, 무엇을 하고 있습니까? A：今(いま)、何(なに)をしていますか。

B: 샐러드를 먹고 있습니다. B：サラダを食(た)べています。

2 A: 지금, 무엇을 하고 있습니까?

A：今(いま)、何(なに)をしていますか。

B: 술을 마시고 있습니다.

B：お酒(さけ)を飲(の)んでいます。

3 A: 지금, 무엇을 하고 있습니까?

A：今(いま)、何(なに)をしていますか。

B: 춤추고 있습니다.

B：踊(おど)っています。

4 A: 지금, 무엇을 하고 있습니까?

A：今(いま)、何(なに)をしていますか。

B: 박수를 치고 있습니다.

B：拍手(はくしゅ)をしています。

5 A: 지금, 무엇을 하고 있습니까?

A：今(いま)、何(なに)をしていますか。

B: 피아노를 치고 있습니다.

B：ピアノを弾(ひ)いています。

6 A: 지금, 무엇을 하고 있습니까?

A：今(いま)、何(なに)をしていますか。

B: 노래를 부르고 있습니다.

B：歌(うた)を歌(うた)っています。

7 A: 지금, 무엇을 하고 있습니까?

A：今(いま)、何(なに)をしていますか。

B: 사진을 찍고 있습니다.

B：写真(しゃしん)を撮(と)っています。

29쪽 **카루가루 연습 2**

1 B: 평일은 아침에 빵을 먹고 있습니다.

B：平日(へいじつ)は朝(あさ)、パンを食(た)べています。

B: 주말은 일식을 먹고 있습니다.

B：週末(しゅうまつ)は和食(わしょく)を食(た)べています。

2 B: 평일은 고등학교에서 일하고 있습니다.

B：平日(へいじつ)は高校(こうこう)で働(はたら)いています。

B: 주말은 집에서 푹 쉬고 있습니다.

B：週末(しゅうまつ)は家(いえ)でゆっくり休(やす)んでいます。

3 B: 평일은 고등학교에서 영어를 가르치고 있습니다.

B：平日(へいじつ)は高校(こうこう)で英語(えいご)を教(おし)えています。

B: 주말은 온라인으로 프랑스어를 배우고 있습니다.

B：週末(しゅうまつ)はオンラインでフランス語(ご)を習(なら)っています。

4 B: 평일은 밤에 책을 읽고 있습니다.

B：平日(へいじつ)は夜(よる)、本(ほん)を読(よ)んでいます。

B: 주말은 밤에 헬스클럽에 다니고 있습니다.

B：週末(しゅうまつ)は夜(よる)、ジムに通(かよ)っています。

30쪽 **술술 연습**

1 A: 기무라 씨는 어느 사람입니까?

A：木村さんはどの人ですか。

B: 안경을 쓰고, 가방을 들고 있습니다.

B：めがねをかけて、かばんを持っています。

2 A: 나카무라 씨는 어느 사람입니까?

A：中村さんはどの人ですか。

B: 목걸이를 하고, 검정 스웨터를 입고 있습니다.

B：ネックレスをして、黒いセーターを着ています。

3 A: 크리스 씨는 어느 사람입니까?

A：クリスさんはどの人ですか。

B: 선글라스를 쓰고, 빨간 바지를 입고 있습니다.

B：サングラスをかけて、赤いズボンをはいています。

4 A: 김 씨는 어느 사람입니까?

A：金さんはどの人ですか。

B: 파란 신발을 신고, 흰 바지를 입고 있습니다.

B：青いくつをはいて、白いズボンをはいています。

31쪽 **친구와 술술**

❶ 내 친구는 서 있습니다.	私の友だちは立っています。
안경을 쓰고 있습니다.	めがねをかけています。
모자를 쓰고 있습니다.	ぼうしをかぶっています。
음악을 듣고 있습니다.	音楽を聞いています。
❷ 내 친구는 서 있습니다.	私の友だちは立っています。
모자를 쓰고 있습니다.	ぼうしをかぶっています。
정장을 입고 있습니다.	スーツを着ています。
책을 읽고 있습니다.	本を読んでいます。
❸ 내 친구는 앉아 있습니다.	私の友だちは座っています。
안경을 쓰고 있습니다.	めがねをかけています。
음악을 듣고 있습니다.	音楽を聞いています。

❹ 내 친구는 앉아 있습니다.	私の友だちは座っています。
선글라스를 쓰고 있습니다.	サングラスをかけています。
자고 있습니다.	寝ています。
❺ 내 친구는 앉아 있습니다.	私の友だちは座っています。
파란 스커트를 입고 있습니다.	青いスカートをはいています。
자고 있습니다.	寝ています。
❻ 내 친구는 앉아 있습니다.	私の友だちは座っています。
빨간 스웨터를 입고 있습니다.	赤いセーターを着ています。
전화를 하고 있습니다.	電話をしています。
❼ 내 친구는 앉아 있습니다.	私の友だちは座っています。
파란 구두를 신고 있습니다.	青いくつをはいています。
전화를 하고 있습니다.	電話をしています。
❽ 내 친구는 서 있습니다.	私の友だちは立っています。
빨간 스웨터를 입고 있습니다.	赤いセーターを着ています。
책을 읽고 있습니다.	本を読んでいます。

19과 ケーキを作ってあげましょう。 케이크를 만들어 줍시다.

41쪽 **카루가루 연습 2**

1	A: 당신은 그녀에게 무엇을 주었습니까?	A：あなたは彼女に何をあげましたか。
	B: 저는 그녀에게 꽃을 주었습니다.	B：私は彼女に花をあげました。
2	A: 당신은 그에게 무엇을 주었습니까?	A：あなたは彼に何をあげましたか。
	B: 저는 그에게 시계를 주었습니다.	B：私は彼に時計をあげました。
3	A: 그녀는 당신에게 무엇을 주었습니까?	A：彼女はあなたに何をくれましたか。
	B: 그녀는 나에게 향수를 주었습니다.	B：彼女は私に香水をくれました。
	A: 당신은 그녀에게 무엇을 받았습니까?	A：あなたは彼女に何をもらいましたか。
	B: 저는 그녀에게 향수를 받았습니다.	B：私は彼女に香水をもらいました。
4	A: 그는 당신에게 무엇을 주었습니까?	A：彼はあなたに何をくれましたか。
	B: 그는 나에게 편지를 주었습니다.	B：彼は私に手紙をくれました。

A: 당신은 그에게 무엇을 받았습니까? A：あなたは彼(かれ)に何(なに)をもらいましたか。

B: 저는 그에게 편지를 받았습니다. B：私(わたし)は彼(かれ)に手紙(てがみ)をもらいました。

42쪽 **카루가루 연습 2**

1 A: 당신은 후배에게 무엇을 해 주었습니까? A：あなたは後輩(こうはい)に何(なに)をしてあげましたか。

B: 저는 후배에게 돈을 빌려주었습니다. B：私(わたし)は後輩(こうはい)にお金(かね)を貸(か)してあげました。

2 A: 당신은 선배에게 무엇을 해 주었습니까? A：あなたは先輩(せんぱい)に何(なに)をしてあげましたか。

B: 저는 선배에게 옷을 사 주었습니다. B：私(わたし)は先輩(せんぱい)に服(ふく)を買(か)ってあげました。

3 A: 후배는 당신에게 무엇을 해 주었습니까? A：後輩(こうはい)はあなたに何(なに)をしてくれましたか。

B: 후배는 나에게 일을 도와주었습니다. B：後輩(こうはい)は私(わたし)に仕事(しごと)を手伝(てつだ)ってくれました。

A: 당신은 후배에게 무엇을 해 받았습니까? A：あなたは後輩(こうはい)に何(なに)をしてもらいましたか。

B: 저는 후배에게 일을 도와 받았습니다. B：私(わたし)は後輩(こうはい)に仕事(しごと)を手伝(てつだ)ってもらいました。

4 A: 선배는 여동생에게 무엇을 해 주었습니까? A：先輩(せんぱい)は妹(いもうと)さんに何(なに)をしてくれましたか。

B: 선배는 (내) 여동생에게 공부를 가르쳐 주었습니다. B：先輩(せんぱい)は妹(いもうと)に勉強(べんきょう)を教(おし)えてくれました。

A: 여동생은 선배에게 무엇을 해 받았습니까? A：妹(いもうと)さんは先輩(せんぱい)に何(なに)をしてもらいましたか。

B: (내) 여동생은 선배에게 공부를 가르쳐 받았습니다. B：妹(いもうと)は先輩(せんぱい)に勉強(べんきょう)を教(おし)えてもらいました。

43쪽 **카루가루 연습 2**

1 A: 파티는 몇 시로 할까요? A：パーティーは何時(なんじ)にしましょうか。

B: 저녁 7시(부터)로 합시다. B：夜７時(よるしちじ)にしましょう。

(１９時(じゅうくじ)からにしましょう。)

2 A: 파티(장소)는 어디로 할까요? A：パーティーはどこにしましょうか。

B: 이탈리안 레스토랑으로 합시다. B：イタリアンレストランにしましょう。

3 A: 생일 케이크는 무엇으로 할까요? A：誕生日(たんじょうび)ケーキは何(なに)にしましょうか。

B: 수제 케이크로 합시다. B：手作(てづく)りケーキにしましょう。

(초코 케이크로 합시다.) (チョコケーキにしましょう。)

4 A: 선물은 무엇으로 할까요? A：プレゼントは何(なに)にしましょうか。

B: 향수로 합시다. B：香水(こうすい)にしましょう。

44쪽 **술술 연습**

*답은 여러 개가 될 수 있어요.

1	나는 그에게 돈을 빌려주었습니다.	私(わたし)は彼(かれ)にお金(かね)を貸(か)してあげました。
	나는 그에게 돈을 보여 주었습니다.	私(わたし)は彼(かれ)にお金(かね)を見(み)せてあげました。
2	선배는 나에게 술을 사 주었습니다.	先輩(せんぱい)は私(わたし)にお酒(さけ)を買(か)ってくれました。 (私(わたし)は先輩(せんぱい)にお酒(さけ)を買(か)ってもらいました。)
	선배는 나에게 술을 한턱내 주었습니다.	先輩(せんぱい)は私(わたし)にお酒(さけ)をおごってくれました。 (私(わたし)は先輩(せんぱい)にお酒(さけ)をおごってもらいました。)
3	그는 나에게 향수를 사 주었습니다.	彼(かれ)は私(わたし)に香水(こうすい)を買(か)ってくれました。 (私(わたし)は彼(かれ)に香水(こうすい)を買(か)ってもらいました。)
	그는 나에게 향수를 빌려주었습니다.	彼(かれ)は私(わたし)に香水(こうすい)を貸(か)してくれました。 (私(わたし)は彼(かれ)に香水(こうすい)を貸(か)してもらいました。)
	그는 나에게 향수를 만들어 주었습니다.	彼(かれ)は私(わたし)に香水(こうすい)を作(つく)ってくれました。 (私(わたし)は彼(かれ)に香水(こうすい)を作(つく)ってもらいました。)
4	그는 선배에게 편지를 읽어 주었습니다.	彼(かれ)は先輩(せんぱい)に手紙(てがみ)を読(よ)んであげました。
	그는 선배에게 편지를 써 주었습니다.	彼(かれ)は先輩(せんぱい)に手紙(てがみ)を書(か)いてあげました。
5	그녀는 나에게 케이크를 사 주었습니다.	彼女(かのじょ)は私(わたし)にケーキを買(か)ってくれました。 (私(わたし)は彼女(かのじょ)にケーキを買(か)ってもらいました。)
	그녀는 나에게 케이크를 만들어 주었습니다.	彼女(かのじょ)は私(わたし)にケーキを作(つく)ってくれました。 (私(わたし)は彼女(かのじょ)にケーキを作(つく)ってもらいました。)

20과 並(なら)んで食(た)べたことがありますか。 줄 서서 먹은 적이 있습니까?

54쪽 **카루가루 연습 1**

1	왔다	来(き)た
2	나왔다	出(で)た
	내렸다	降(お)りた
3	놓았다/두었다	置(お)いた
	수영했다	泳(およ)いだ

이야기했다	話(はな)した
일어섰다	立(た)った
죽었다	死(し)んだ
줄 섰다	並(なら)んだ
읽었다	読(よ)んだ
찍었다	撮(と)った
탔다	乗(の)った
갔다	行(い)った

56쪽 **카루가루 연습 2**

1	A: 코로나에 걸린 적이 있습니까?	A：コロナにかかったことがありますか。
	B: 네, 걸린 적이 있습니다.	B：はい、かかったことがあります。
	아니요, 걸린 적이 없습니다.	いいえ、かかったことがありません。
2	A: 연예인을 만난 적이 있습니까?	A：芸能人(げいのうじん)に会(あ)ったことがありますか。
	B: 네, 만난 적이 있습니다.	B：はい、会(あ)ったことがあります。
	아니요, 만난 적이 없습니다.	いいえ、会(あ)ったことがありません。
3	A: TV프로에 나온 적이 있습니까?	A：テレビ番組(ばんぐみ)に出(で)たことがありますか。
	B: 네, 나온 적이 있습니다.	B：はい、出(で)たことがあります。
	아니요, 나온 적이 없습니다.	いいえ、出(で)たことがありません。
4	A: 가게 앞에서 줄을 선 적이 있습니까?	A：店(みせ)の前(まえ)に並(なら)んだことがありますか。
	B: 네, 줄을 선 적이 있습니다.	B：はい、並(なら)んだことがあります。
	아니요, 줄을 선 적이 없습니다.	いいえ、並(なら)んだことがありません。

57쪽 **카루가루 연습 2**

1	A: 앗, 저 사람은 모자를 쓰고 있네요.	A：あっ、あの人(ひと)はぼうしをかぶっていますね。
	B: 정말이네요. 모자 쓴 채입니다.	B：本当(ほんとう)ですね。ぼうしをかぶったままです。
2	A: 앗, 저 사람은 선글라스를 쓰고 있네요.	A：あっ、あの人(ひと)はサングラスをかけていますね。
	B: 정말이네요. 선글라스를 쓴 채입니다.	B：本当(ほんとう)ですね。サングラスをかけたままです。
3	A: 앗, 저 사람은 정장을 입고 있네요.	A：あっ、あの人(ひと)はスーツを着(き)ていますね。
	B: 정말이네요. 정장을 입은 채입니다.	B：本当(ほんとう)ですね。スーツを着(き)たままです。

4 A: 앗, 저 사람은 우산을 들고 있네요. A：あっ、あの人(ひと)は傘(かさ)を持(も)っていますね。

B: 정말이네요. 우산을 든 채입니다. B：本当(ほんとう)ですね。傘(かさ)を持(も)ったままです。

58쪽 **술술 연습**

1 A: 불을 켠 채로, 잔 적이 있습니까?

A：電気(でんき)をつけたまま、寝(ね)たことがありますか。

B1: 네, 불을 켠 채로, 잔 적이 있습니다.

B1：はい、電気(でんき)をつけたまま、寝(ね)たことがあります。

B2: 아니요, 불을 켠 채로, 잔 적이 없습니다.

B2：いいえ、電気(でんき)をつけたまま、寝(ね)たことがありません。

2 A: 버스에서 선 채로, 잔 적이 있습니까?

A：バスで立(た)ったまま、寝(ね)たことがありますか。

B1: 네, 버스에서 선 채로, 잔 적이 있습니다.

B1：はい、バスで立(た)ったまま、寝(ね)たことがあります。

B2: 아니요, 버스에서 선 채로, 잔 적이 없습니다.

B2：いいえ、バスで立(た)ったまま、寝(ね)たことがありません。

3 A: 돈을 넣은 채로, 옷을 빤 적이 있습니까?

A：お金(かね)を入(い)れたまま、服(ふく)を洗(あら)ったことがありますか。

B1: 네, 돈을 넣은 채로, 옷을 빤 적이 있습니다.

B1：はい、お金(かね)を入(い)れたまま、服(ふく)を洗(あら)ったことがあります。

B2: 아니요, 돈을 넣은 채로, 옷을 빤 적이 없습니다.

B2：いいえ、お金(かね)を入(い)れたまま、服(ふく)を洗(あら)ったことがありません。

4 A: 지하철에 짐을 둔 채로, 내린 적이 있습니까?

A：地下鉄(ちかてつ)に荷物(にもつ)を置(お)いたまま、降(お)りたことがありますか。

B1: 네, 지하철에 짐을 둔 채로, 내린 적이 있습니다.

B1：はい、地下鉄(ちかてつ)に荷物(にもつ)を置(お)いたまま、降(お)りたことがあります。

B2: 아니요, 지하철에 짐을 둔 채로, 내린 적이 없습니다.

B2：いいえ、地下鉄(ちかてつ)に荷物(にもつ)を置(お)いたまま、降(お)りたことがありません。

21과 夢(ゆめ)は世界旅行(せかいりょこう)に行(い)くこと。 꿈은 세계여행을 가는 것.

68쪽 **카루가루 연습 1**

1

그룹	존댓말 (정중형)		반말 (보통형)	
3	합니다	します	하다	する
	옵니다	きます	오다	くる
2	먹습니다	たべます	먹다	たべる
	봅니다	みます	보다	みる
	외웁니다	おぼえます	외우다	おぼえる
	모읍니다	あつめます	모으다	あつめる
1	만납니다	あいます	만나다	あう
	삽니다	かいます	사다	かう
	기다립니다	まちます	기다리다	まつ
	팝니다	うります	팔다	うる
	마십니다	のみます	마시다	のむ
	듣습니다	ききます	듣다	きく
	이야기합니다	はなします	이야기하다	はなす

2

그룹	존댓말 (정중형)		반말 (보통형)	
1	만들었습니다	つくりました	만들었다	つくった
	찍었습니다	とりました	찍었다	とった
	(노래) 불렀습니다	うたいました	(노래) 불렀다	うたった
	기다렸습니다	まちました	기다렸다	まった
	읽었습니다	よみました	읽었다	よんだ

그룹	존댓말 (정중형)		반말 (보통형)	
1	마셨습니다	のみました	마셨다	のんだ
	죽었습니다	しにました	죽었다	しんだ
	놀았습니다	あそびました	놀았다	あそんだ
	이야기했습니다	はなしました	이야기했다	はなした
	썼습니다	かきました	썼다	かいた
	걸었습니다	あるきました	걸었다	あるいた
	수영했습니다	およぎました	수영했다	およいだ
	갔습니다	いきました	갔다	いった

3 벌써 만들었습니다. もう作(つく)りました。 벌써 만들었어. もう作(つく)った。

벌써 찍었습니다. もう撮(と)りました。 벌써 찍었어. もう撮(と)った。

벌써 읽었습니다. もう読(よ)みました。 벌써 읽었어. もう読(よ)んだ。

벌써 썼습니다. もう書(か)きました。 벌써 썼어. もう書(か)いた。

벌써 갔습니다. もう行(い)きました。 벌써 갔어. もう行(い)った。

70쪽 **카루가루 연습 2**

1 A: 당신의 취미는 무엇입니까? A：あなたの趣味(しゅみ)は何(なん)ですか。

B: 저의 취미는 그림을 그리는 것입니다. B：私(わたし)の趣味(しゅみ)は絵(え)を描(か)くことです。

2 A: 당신의 취미는 무엇입니까? A：あなたの趣味(しゅみ)は何(なん)ですか。

B: 저의 취미는 고양이 캐릭터상품을 모으는 것입니다. B：私(わたし)の趣味(しゅみ)はねこのグッズを集(あつ)めることです。

3 A: 당신의 꿈은 무엇입니까? A：あなたの夢(ゆめ)は何(なん)ですか。

B: 저의 꿈은 큰 집에 사는 것입니다. B：私(わたし)の夢(ゆめ)は大(おお)きい家(いえ)に住(す)むことです。

4 A: 당신의 꿈은 무엇입니까? A：あなたの夢(ゆめ)は何(なん)ですか。

B: 저의 꿈은 세계여행을 가는 것입니다. B：私(わたし)の夢(ゆめ)は世界旅行(せかいりょこう)に行(い)くことです。

5 A: 당신의 꿈은 무엇입니까? A：あなたの夢(ゆめ)は何(なん)ですか。

B: 저의 꿈은 멋진 사람과 결혼하는 것입니다. B：私(わたし)の夢(ゆめ)はすてきな人(ひと)と結婚(けっこん)することです。

71쪽 **카루가루 연습 2**

1 A: 밤에는 무엇을 합니까?

A：夜(よる)は何(なに)をしますか。

B: 애인과 전화로 이야기하거나, 메시지(문자)를 보내거나 합니다.

B：恋人(こいびと)と電話(でんわ)で話(はな)したり、メッセージを送(おく)ったりします。

2 A: 오늘은 무엇을 합니까?

A：今日(きょう)は何(なに)をしますか。

B: 친구를 만나거나, 집 청소를 하거나 합니다.

B：友(とも)だちに会(あ)ったり、家(いえ)の掃除(そうじ)をしたりします。

3 A: 어제는 무엇을 했습니까?

A：昨日(きのう)は何(なに)をしましたか。

B: 단어를 외우거나, 도서관에서 숙제를 하거나 했습니다.

B：単語(たんご)を覚(おぼ)えたり、図書館(としょかん)で宿題(しゅくだい)をしたりしました。

4 A: 작년 크리스마스는 무엇을 했습니까?

A：去年(きょねん)のクリスマスは何(なに)をしましたか。

B: 캐럴을 부르거나, 케이크를 먹거나 했습니다.

B：キャロルを歌(うた)ったり、ケーキを食(た)べたりしました。

72쪽 **술술 연습**

1 A: 중고 거래 앱을 아주 좋아합니다. A：フリマアプリが大好(だいす)きです。

B: 중고 거래 앱으로는 무엇을 합니까? B：フリマアプリでは何(なに)をしますか。

A: 갖고 싶은 물건을 사거나, 필요 없는 물건을 팔거나 합니다.

A：ほしい物(もの)を買(か)ったり、要(い)らない物(もの)を売(う)ったりします。

2 A: 노래방을 아주 좋아합니다. A：カラオケが大好(だいす)きです。

B: 노래방에서는 무엇을 합니까? B：カラオケでは何(なに)をしますか。

A: 노래를 부르거나, 춤추거나 합니다. A：歌(うた)を歌(うた)ったり、踊(おど)ったりします。

3 A: 일본 여행을 아주 좋아합니다. A：日本旅行(にほんりょこう)が大好(だいす)きです。

B: 일본 여행에서는 무엇을 합니까? B：日本旅行(にほんりょこう)では何(なに)をしますか。

A: 거리를 걷거나, 사진을 찍거나 합니다. A：街(まち)を歩(ある)いたり、写真(しゃしん)を撮(と)ったりします。

4 A: 일본어 수업을 아주 좋아합니다. A：日本語(にほんご)の授業(じゅぎょう)が大好(だいす)きです。

B: 일본어 수업에서는 무엇을 합니까?	B：日本語(にほんご)の授業(じゅぎょう)では何(なに)をしますか。
A: 일본어를 말하거나, 작문을 쓰거나 합니다.	A：日本語(にほんご)を話(はな)したり、作文(さくぶん)を書(か)いたりします。

73쪽 **친구와 술술**

[자유 작문]

스포츠를 하는 것은	スポーツをすることは	+	따분합니다.	つまらないです。
스포츠를 보는 것은	スポーツを見(み)ることは		즐겁습니다.	楽(たの)しいです。
디저트를 만드는 것은	デザートを作(つく)ることは		괴롭습니다.	辛(つら)いです。
디저트를 먹는 것은	デザートを食(た)べることは		귀찮습니다.	めんどくさいです。
노래를 부르는 것은	歌(うた)を歌(うた)うことは		행복합니다.	幸(しあわ)せです。
노래를 듣는 것은	歌(うた)を聞(き)くことは		자신 있습니다.	得意(とくい)です。
			자신 없습니다.	苦手(にがて)です。
			걱정입니다.	心配(しんぱい)です。

예 디저트를 만드는 것은 자신 있습니다. デザートを作(つく)ることは得意(とくい)です。

22과 終(お)わった後(あと)で、何(なに)をしますか。 끝난 후에, 무엇을 합니까?

80쪽 **카루가루 연습 1**

1	오기 전에	来(く)る前(まえ)に	온 후에	来(き)た後(あと)で
2	입기 전에	着(き)る前(まえ)に	입은 후에	着(き)た後(あと)で
	외출하기 전에	出(で)かける前(まえ)に	외출한 후에	出(で)かけた後(あと)で
3	끝나기 전에	終(お)わる前(まえ)に	끝난 후에	終(お)わった後(あと)で
	돌아가기 전에	帰(かえ)る前(まえ)に	돌아간 후에	帰(かえ)った後(あと)で
	마시기 전에	飲(の)む前(まえ)に	마신 후에	飲(の)んだ後(あと)で
	끄기 전에	消(け)す前(まえ)に	끈 후에	消(け)した後(あと)で
	신기 전에	はく前(まえ)に	신은 후에	はいた後(あと)で
	닦기 전에	磨(みが)く前(まえ)に	닦은 후에	磨(みが)いた後(あと)で
	수영하기 전에	泳(およ)ぐ前(まえ)に	수영한 후에	泳(およ)いだ後(あと)で

가기 전에	行く前に	간 후에	行った後で

4 운동한 후에, 청소를 할 겁니다.	運動した後で、掃除をします。
하지 않을 겁니다.	しません。
했습니다.	しました。
하지 않았습니다.	しませんでした。
합시다.	しましょう。
하고 싶습니다.	したいです。
하러 갑니다.	しに行きます。
5 일이 끝난 후에, 게임을 해 주세요.	仕事が終わった後で、ゲームをしてください。
해도 됩니까?	してもいいですか。
해서는 안 됩니다.	してはいけません。
해 버렸습니다.	してしまいました。
하고 있습니다.	しています。

82쪽 **카루가루 연습 2**

1 A: 불을 끄기 전에 무엇을 합니까?	A：電気を消す前に、何をしますか。
B: 불을 끄기 전에, 신발을 신습니다.	B：電気を消す前に、くつをはきます。
2 A: 신발을 신기 전에 무엇을 합니까?	A：くつをはく前に、何をしますか。
B: 신발을 신기 전에, 이를 닦습니다.	B：くつをはく前に、歯を磨きます。
3 A: 이를 닦기 전에 무엇을 합니까?	A：歯を磨く前に、何をしますか。
B: 이를 닦기 전에, 우유를 마십니다.	B：歯を磨く前に、牛乳を飲みます。
4 A: 우유를 마시기 전에 무엇을 합니까?	A：牛乳を飲む前に、何をしますか。
B: 우유를 마시기 전에, 옷을 입습니다.	B：牛乳を飲む前に、服を着ます。
5 A: 옷을 입기 전에 무엇을 합니까?	A：服を着る前に、何をしますか。
B: 옷을 입기 전에, 얼굴을 씻습니다.	B：服を着る前に、顔を洗います。

83쪽 **카루가루 연습 2**

1 A: 수영장에서 수영한 후에 무엇을 합니까?	A：プールで泳いだ後で、何をしますか。
B: 수영장에서 수영한 후에, 샤워를 합니다.	B：プールで泳いだ後で、シャワーを浴びます。
2 A: 샤워를 한 후에 무엇을 합니까?	A：シャワーを浴びた後で、何をしますか。

	B: 샤워를 한 후에, 집에 돌아옵니다.	B：シャワーを浴(あ)びた後(あと)で、家(いえ)に帰(かえ)ります。
3	A: 집에 돌아온 후에 무엇을 합니까?	A：家(いえ)に帰(かえ)った後(あと)で、何(なに)をしますか。
	B: 집에 돌아온 후에, 가족과 저녁밥을 먹습니다.	B：家(いえ)に帰(かえ)った後(あと)で、家族(かぞく)と晩(ばん)ご飯(はん)を食(た)べます。
4	A: 가족과 저녁밥을 먹은 후에 무엇을 합니까?	A：家族(かぞく)と晩(ばん)ご飯(はん)を食(た)べた後(あと)で、何(なに)をしますか。
	B: 가족과 저녁밥을 먹은 후에, 음악을 듣습니다.	B：家族(かぞく)と晩(ばん)ご飯(はん)を食(た)べた後(あと)で、音楽(おんがく)を聞(き)きます。
5	A: 음악을 들은 후에 무엇을 합니까?	A：音楽(おんがく)を聞(き)いた後(あと)で、何(なに)をしますか。
	B: 음악을 들은 후에, 잡니다.	B：音楽(おんがく)を聞(き)いた後(あと)で、寝(ね)ます。

84쪽 **술술 연습**

1	B: 자기 전에, 스트레칭을 합니다.	B：寝(ね)る前(まえ)に、ストレッチをします。
2	B: 자기 전에, 목욕을 합니다.	B：寝(ね)る前(まえ)に、お風呂(ふろ)に入(はい)ります。
3	B: 자기 전에, 조용한 음악을 듣습니다.	B：寝(ね)る前(まえ)に、静(しず)かな音楽(おんがく)を聞(き)きます。
4	B: 자기 전에, 어려운 책을 읽습니다.	B：寝(ね)る前(まえ)に、むずかしい本(ほん)を読(よ)みます。

23과 無理(むり)しないでください。 무리하지 마세요.

94쪽 **카루가루 연습 1**

1	안 와/오지 않다	来(こ)ない
2	안 입어/입지 않다	着(き)ない
	안 넣어/넣지 않다	入(い)れない
	안 잊어/잊지 않다	忘(わす)れない
	없다 (사람·동물)	いない
3	안 기다려/기다리지 않다	待(ま)たない
	안 마셔/마시지 않다	飲(の)まない
	안 쉬어/쉬지 않다	休(やす)まない
	안 놀아/놀지 않다	遊(あそ)ばない
	이야기 안 해/이야기하지 않다	話(はな)さない
	안 멈춰/멈추지 않다	止(と)まらない
	안 잘라/자르지 않다	切(き)らない

안 사/사지 않다	買(か)わない
안 만나/만나지 않다	会(あ)わない
없다 (무생물·식물)	ない

96쪽 **카루가루 연습 2**

1	A: 저 사람은 의사니?	A：あの人(ひと)は医者(いしゃ)？
	B: 아니, 의사 아냐.	B：ううん、医者(いしゃ)じゃない。
2	A: 여기는 깨끗하니?	A：ここはきれい？
	B: 아니, 깨끗하지 않아.	B：ううん、きれいじゃない。
3	A: 괜찮니?	A：大丈夫(だいじょうぶ)？
	B: 아니, 괜찮지 않아.	B：ううん、大丈夫(だいじょうぶ)じゃない。
4	A: 맛있니?	A：おいしい？
	B: 아니, 맛없어(맛있지 않아).	B：ううん、おいしくない。
5	A: 목이 아프니?	A：のどが痛(いた)い？
	B: 아니, 아프지 않아.	B：ううん、痛(いた)くない。
6	A: 이것도 먹을래?	A：これも食(た)べる？
	B: 아니, 안 먹을래.	B：ううん、食(た)べない。
7	A: 오늘, 만나?	A：今日(きょう)、会(あ)う？
	B: 아니, 안 만나.	B：ううん、会(あ)わない。
8	A: 애인이 있니?	A：恋人(こいびと)がいる？
	B: 아니, 없어.	B：ううん、いない。
9	A: 시간이 있니?	A：時間(じかん)がある？
	B: 아니, 없어.	B：ううん、ない。

97쪽 **카루가루 연습 2**

*답은 여러 개가 될 수 있어요.

1 A: 설사니까, 매운 것을 먹지 마세요.

A：げりだから、辛(から)い物(もの)を食(た)べないでください。

B: 알겠습니다. 조심하겠습니다.

B：わかりました。気(き)を付(つ)けます。

2 A: 3일 치 약이니까, 약을 깜박하지 마세요.

A：３日分の薬だから、薬を忘れないでください。

B: 알겠습니다. 조심하겠습니다.

B：わかりました。気を付けます。

3 A: 기침이 심하니까, 커피를 마시지 마세요.

A：咳がひどいから、コーヒーを飲まないでください。

B: 알겠습니다. 조심하겠습니다.

B：わかりました。気を付けます。

4 A: 목이 아프니까, 큰 소리로 이야기하지 마세요.

A：のどが痛いから、大きい声で話さないでください。

B: 알겠습니다. 조심하겠습니다.

B：わかりました。気を付けます。

5 A: 열이 있으니까, 늦게까지 일을 하지 마세요.

A：熱があるから、遅くまで仕事をしないでください。

B: 알겠습니다. 조심하겠습니다.

B：わかりました。気を付けます。

98쪽 **술술 연습**

1 A: 커피는 설탕을 넣고, 마십니까?

B: 네, 넣고, 마십니다.

아니요, 넣지 않고, 마십니다.

A：コーヒーは砂糖を入れて、飲みますか。

B：はい、入れて、飲みます。

いいえ、入れないで、飲みます。

2 A: 커피는 우유를 넣고, 마십니까?

B: 네, 넣고, 마십니다.

아니요, 넣지 않고, 마십니다.

A：コーヒーは牛乳を入れて、飲みますか。

B：はい、入れて、飲みます。

いいえ、入れないで、飲みます。

3 A: 피자는 나이프로 자르고, 먹습니까?

B: 네, 자르고, 먹습니다.

아니요, 자르지 않고, 먹습니다.

A：ピザはナイフで切って、食べますか。

B：はい、切って、食べます。

いいえ、切らないで、食べます。

4 A: 어제의 (먹고 남은) 피자는 데우고, 먹습니까?

B: 네, 데우고, 먹습니다.

아니요, 데우지 않고, 먹습니다.

A：昨日のピザは温めて、食べますか。

B：はい、温めて、食べます。

いいえ、温めないで、食べます。

99쪽 **친구와 술술**

1 어떤 빵으로 합니까?	どんなパンにしますか。
❶ 빵은 자르고 먹습니다.	パンは切って、食べます。
빵은 데우고 먹습니다.	パンは温めて、食べます。
❷ 빵은 자르지 않고 먹습니다.	パンは切らないで、食べます。
빵은 데우고 먹습니다.	パンは温めて、食べます。
❸ 빵은 자르고 먹습니다.	パンは切って、食べます。
빵은 데우지 않고 먹습니다.	パンは温めないで、食べます。
❹ 빵은 자르지 않고 먹습니다.	パンは切らないで、食べます。
빵은 데우지 않고 먹습니다.	パンは温めないで、食べます。
2 어떤 커피로 합니까?	どんなコーヒーにしますか。
❶ 커피는 우유를 넣고 마십니다.	コーヒーは牛乳を入れて、飲みます。
커피는 설탕을 넣고 마십니다.	コーヒーは砂糖を入れて、飲みます。
❷ 커피는 우유를 넣지 않고 마십니다.	コーヒーは牛乳を入れないで、飲みます。
커피는 설탕을 넣고 마십니다.	コーヒーは砂糖を入れて、飲みます。
❸ 커피는 우유를 넣고 마십니다.	コーヒーは牛乳を入れて、飲みます。
커피는 설탕을 넣지 않고 마십니다.	コーヒーは砂糖を入れないで、飲みます。
❹ 커피는 우유를 넣지 않고 마십니다.	コーヒーは牛乳を入れないで、飲みます。
커피는 설탕을 넣지 않고 마십니다.	コーヒーは砂糖を入れないで、飲みます。
3 어떤 샐러드로 합니까?	どんなサラダにしますか。
❶ 샐러드는 베이컨을 넣고 먹습니다.	サラダはベーコンを入れて、食べます。
샐러드는 드레싱을 뿌리고 먹습니다.	サラダはドレッシングをかけて、食べます。
❷ 샐러드는 베이컨을 넣지 않고 먹습니다.	サラダはベーコンを入れないで、食べます。
샐러드는 드레싱을 뿌리고 먹습니다.	サラダはドレッシングをかけて、食べます。
❸ 샐러드는 베이컨을 넣고 먹습니다.	サラダはベーコンを入れて、食べます。
샐러드는 드레싱을 뿌리지 않고 먹습니다.	サラダはドレッシングをかけないで、食べます。
❹ 샐러드는 베이컨을 넣지 않고 먹습니다.	サラダはベーコンを入れないで、食べます。
샐러드는 드레싱을 뿌리지 않고 먹습니다.	サラダはドレッシングをかけないで、食べます。

24과 泣いた方がいいですよ。 우는 편이 좋습니다.

107쪽 **카루가루 연습 1**

1 나라를 위해서, 열심히 힘내겠습니다. 国のために、一生懸命頑張ります。

자기 자신을 위해서, 열심히 힘내겠습니다. 自分のために、一生懸命頑張ります。

미래의 꿈을 위해서, 열심히 힘내겠습니다. 将来の夢のために、一生懸命頑張ります。

2 다이어트를 위해서, 천천히 먹습니다. ダイエットのために、ゆっくり食べます。

다이어트를 위해서, 가까운 곳은 걷습니다. ダイエットのために、近いところは歩きます。

다이어트를 위해서, 매일 아침 스트레칭을 합니다. ダイエットのために、毎朝ストレッチをします。

3 일본 대학원에 들어가기 위해서, 일본어 공부를 합니다.

日本の大学院に入るために、日本語の勉強をします。

일본 드라마를 보기 위해서, 일본어 공부를 합니다.

日本のドラマを見るために、日本語の勉強をします。

일본인 친구를 만들기 위해서, 일본어 공부를 합니다.

日本人の友だちを作るために、日本語の勉強をします。

4 미국에 가기 위해서, 저금을 합니다. アメリカに行くために、貯金をします。

미국에 가기 위해서, 여권을 만듭니다. アメリカに行くために、バスポートを作ります。

미국에 가기 위해서, 회사를 그만둡니다. アメリカに行くために、会社を辞めます。

108쪽 **카루가루 연습 2**

1 A: 어떻게 하는 편이 좋습니까? A：どうした方がいいですか。

B: 사진을 지우는 편이 좋습니다. B：写真を消した方がいいですよ。

2 A: 어떻게 하는 편이 좋습니까? A：どうした方がいいですか。

B: 머리(카락)를 자르는 편이 좋습니다. B：髪を切った方がいいですよ。

3 A: 어떻게 하는 편이 좋습니까? A：どうした方がいいですか。

B: 새로운 일을 시작하는 편이 좋습니다. B：新しいことを始めた方がいいですよ。

4 A: 어떻게 하는 편이 좋습니까? A：どうした方がいいですか。

B: 받은 선물을 버리는 편이 좋습니다. B：もらったプレゼントを捨てた方がいいですよ。

109쪽 **카루가루 연습 2**

1 A: 어떻게 하는 편이 좋습니까? A：どうした方がいいですか。

B: 애인의 험담을 하지 않는 편이 좋습니다. B：恋人の悪口を言わない方がいいですよ。

2 A: 어떻게 하는 편이 좋습니까? A：どうした方がいいですか。

B: 메시지(문자)를 보내지 않는 편이 좋습니다. B：メッセージを送らない方がいいですよ。

3 A: 어떻게 하는 편이 좋습니까? A：どうした方がいいですか。

B: 술을 마시지 않는 편이 좋습니다. B：お酒を飲まない方がいいですよ。

4 A: 어떻게 하는 편이 좋습니까? A：どうした方がいいですか。

B: 비싼 선물은 버리지 않는 편이 좋습니다. B：高いプレゼントは捨てない方がいいですよ。

110쪽 **술술 연습**

1 건강을 위해서, 무엇을 하는 편이 좋습니까? 健康のために、何をした方がいいですか。

❶ B: 건강을 위해서, 몸에 좋은 것을 먹는 편이 좋습니다.
B：健康のために、体にいい物を食べた方がいいですよ。

❷ B: 건강을 위해서, 밤늦게 자지 않는 편이 좋습니다.
B：健康のために、夜遅く寝ない方がいいですよ。

❸ B: 건강을 위해서, 하루에 만 보 걷는 편이 좋습니다.
B：健康のために、一日一万歩、歩いた方がいいですよ。

2 성공하기 위해서, 무엇을 하는 편이 좋습니까? 成功するために、何をした方がいいですか。

❶ B: 성공하기 위해서, 신문을 읽는 편이 좋습니다.
B：成功するために、新聞を読んだ方がいいですよ。

❷ B: 성공하기 위해서, 포기하지 않는 편이 좋습니다.
B：成功するために、あきらめない方がいいですよ。

❸ B: 성공하기 위해서, 시간을 소중히 하는 편이 좋습니다.
B：成功するために、時間を大切にした方がいいですよ。

25과 友達(ともだち)が多(おお)かった？ 친구가 많았어?

120쪽 **카루가루 연습 2**

1	A: 어렸을 때, 공부가 자신 없었니?	A：子供(こども)の時(とき)、勉強(べんきょう)が苦手(にがて)だった？
	B: 응, 자신 없었어.	B：うん、苦手(にがて)だった。
	아니, 자신 없지 않았어.	ううん、苦手(にがて)じゃなかった。
2	A: 어렸을 때, 운동이 자신 있었니?	A：子供(こども)の時(とき)、運動(うんどう)が得意(とくい)だった？
	B: 응, 자신 있었어.	B：うん、得意(とくい)だった。
	아니, 자신 있지 않았어.	ううん、得意(とくい)じゃなかった。
3	A: 어렸을 때, 친구가 많았니?	A：子供(こども)の時(とき)、友達(ともだち)が多(おお)かった？
	B: 응, 많았어.	B：うん、多(おお)かった。
	아니, 많지 않았어.	ううん、多(おお)くなかった。
4	A: 어렸을 때, 귀여웠니?	A：子供(こども)の時(とき)、かわいかった？
	B: 응, 귀여웠어.	B：うん、かわいかった。
	아니, 귀엽지 않았어.	ううん、かわいくなかった。
5	A: 어렸을 때, 얌전했니?	A：子供(こども)の時(とき)、大人(おとな)しかった？
	B: 응, 얌전했어.	B：うん、大人(おとな)しかった。
	아니, 얌전하지 않았어.	ううん、大人(おとな)しくなかった。

121쪽 **카루가루 연습 2**

1	A: 착한 아이지만, 이상하다.	A：いい子(こ)だけど、変(へん)だ。
	B: 착한 아이였지만, 이상했다.	B：いい子(こ)だったけど、変(へん)だった。
2	A: 수학은 간단하지만, 싫어한다.	A：数学(すうがく)は簡単(かんたん)だけど、嫌(きら)いだ。
	B: 수학은 간단했지만, 싫어했다.	B：数学(すうがく)は簡単(かんたん)だったけど、嫌(きら)いだった。
3	A: 차갑지만, 맛있다.	A：冷(つめ)たいけど、美味(おい)しい。
	B: 차가웠지만, 맛있었다.	B：冷(つめ)たかったけど、美味(おい)しかった。
4	A: 공부는 어렵지만, 즐겁다.	A：勉強(べんきょう)はむずかしいけど、楽(たの)しい。
	B: 공부는 어려웠지만, 즐거웠다.	B：勉強(べんきょう)はむずかしかったけど、楽(たの)しかった。

122쪽 **술술 연습**

1 A: 전에는 진심이 아니었지만, 지금은 진심이다. A：前(まえ)は本気(ほんき)じゃなかったけど、今(いま)は本気(ほんき)だ。

2 A: 전에는 안전하지 않았지만, 지금은 안전하다. A：前(まえ)は安全(あんぜん)じゃなかったけど、今(いま)は安全(あんぜん)だ。

3 A: 전에는 얌전하지 않았지만, 지금은 얌전하다. A：前(まえ)は大人(おとな)しくなかったけど、今(いま)は大人(おとな)しい。

4 A: 전에는 사이가 좋지 않았지만, 지금은 사이가 좋다.
A：前(まえ)は仲(なか)がよくなかったけど、今(いま)は仲(なか)がいい。

26과 雨(あめ)が降(ふ)るそうです。 비가 내린다고 합니다.

134쪽 **카루가루 연습 2**

1 로봇의 코는 마치 꽃 같네요. ロボットの鼻(はな)はまるで花(はな)のようですね。
花(はな)みたいですね。

2 로봇의 입은 마치 휴대폰 같네요. ロボットの口(くち)はまるでケータイのようですね。
ケータイみたいですね。

3 로봇의 왼쪽 귀는 마치 사과 같네요. ロボットの左(ひだり)の耳(みみ)はまるでりんごのようですね。
りんごみたいですね。

4 로봇의 오른쪽 손은 마치 우산 같네요. ロボットの右(みぎ)の手(て)はまるで傘(かさ)のようですね。
傘(かさ)みたいですね。

5 로봇의 왼쪽 발은 마치 빵 같네요. ロボットの左(ひだり)の足(あし)はまるでパンのようですね。
パンみたいですね。

[자유 작문]

6 로봇의 오른쪽 귀는 마치 바나나 같네요. ロボットの右(みぎ)の耳(みみ)はまるでバナナのようですね。
バナナみたいですね。

로봇의 왼쪽 눈은 마치 별 같네요. ロボットの左(ひだり)の目(め)はまるでほしのようですね。
ほしみたいですね。

로봇의 넥타이는 마치 생선 같네요. ロボットのネクタイはまるで魚(さかな)のようですね。
魚(さかな)みたいですね。

로봇의 벨트는 마치 개 같네요. ロボットのベルトはまるで犬(いぬ)のようですね。
犬(いぬ)みたいですね。

로봇의 가방은 마치 자동차 같네요. ロボットのかばんはまるで車(くるま)のようですね。
車(くるま)みたいですね。

135쪽 **카루가루 연습 2**

1 기무라 씨에 의하면, 편의점 알바다라고 합니다.
木村(きむら)さんによると、コンビニのバイトだそうです。

2 기무라 씨에 의하면, 슈퍼마켓 알바가 아니다라고 합니다.
木村(きむら)さんによると、スーパーのバイトじゃないそうです。

3 기무라 씨에 의하면, 알바는 힘들다(라)고 합니다.
木村(きむら)さんによると、バイトは大変(たいへん)だそうです。

4 기무라 씨에 의하면, 편하지 않다(라)고 합니다.
木村(きむら)さんによると、楽(らく)じゃないそうです。

5 기무라 씨에 의하면, 알바하는 곳은 집에서 멀다(라)고 합니다.
木村(きむら)さんによると、バイト先(さき)は家(いえ)から遠(とお)いそうです。

6 기무라 씨에 의하면, 가깝지 않다(라)고 합니다.
木村(きむら)さんによると、近(ちか)くないそうです。

7 기무라 씨에 의하면, 내일은 수업이 있다(라)고 합니다.
木村(きむら)さんによると、明日(あした)は授業(じゅぎょう)があるそうです。

8 기무라 씨에 의하면, 내일은 알바가 없다(라)고 합니다.
木村(きむら)さんによると、明日(あした)はバイトがないそうです。

9 기무라 씨에 의하면, 내일은 기타 연습을 한다(라)고 합니다.
木村(きむら)さんによると、明日(あした)はギターの練習(れんしゅう)をするそうです。

136쪽 **술술 연습**

1 미키: 화요일 날씨는 어땠습니까?
김: 삿포로는 태풍이었다고 합니다.
나하는 태풍이 아니었다고 합니다.

三木(みき)：火曜日(かようび)の天気(てんき)はどうでしたか。
金(きむ)：さっぽろは台風(たいふう)だったそうです。
なはは台風(たいふう)じゃなかったそうです。

2 미키: 수요일 날씨는 어땠습니까?
김: 삿포로는 바다가 안전했다고 합니다.
나하는 바다가 안전하지 않았다고 합니다.

三木(みき)：水曜日(すいようび)の天気(てんき)はどうでしたか。
金(きむ)：さっぽろは海(うみ)が安全(あんぜん)だったそうです。
なはは海(うみ)が安全(あんぜん)じゃなかったそうです。

3 미키: 목요일 날씨는 어땠습니까?	三木：木曜日の天気はどうでしたか。
김: 삿포로는 서늘했다고 합니다.	金：　さっぽろは涼しかったそうです。
나하는 서늘하지 않았다고 합니다.	なはは涼しくなかったそうです。
4 미키: 금요일 날씨는 어땠습니까?	三木：金曜日の天気はどうでしたか。
김: 삿포로는 날씨가 좋았다고 합니다.	金：　さっぽろは天気がよかったそうです。
나하는 날씨가 좋지 않았다고 합니다.	なはは天気がよくなかったそうです。
5 미키: 토요일 날씨는 어땠습니까?	三木：土曜日の天気はどうでしたか。
김: 삿포로는 비가 내렸다고 합니다.	金：　さっぽろは雨が降ったそうです。
나하는 비가 내리지 않았다고 합니다.	なはは雨が降らなかったそうです。

27과 電池が切れそうです。 배터리가 다 된 것 같습니다.

147쪽 **카루가루 연습 2**

A: 이 가방은 어떻습니까?	A：このかばんはどうですか。
1 B: 튼튼할 것 같습니다.	B：丈夫そうですね。
2 B: 많이 들어갈 것 같습니다.	B：たくさん入りそうですね。
A: 이 요리는 어떻습니까?	A：この料理はどうですか。
3 B: 맛있을 것 같습니다.	B：おいしそうですね。
4 B: 매울 것 같습니다.	B：辛そうですね。
A: 이 음료수는 어떻습니까?	A：この飲み物はどうですか。
5 B: 달 것 같습니다.	B：甘そうですね。
6 B: 차가울 것 같습니다.	B：冷たそうですね。
A: 이 휴대 전화는 어떻습니까?	A：このケータイはどうですか。
7 B: 떨어질 것 같습니다.	B：落ちそうですね。
8 B: 배터리가 다 된 것 같습니다.	B：電池が切れそうですね。
A: 오늘(날씨)은 어떻습니까?	A：今日(の天気)はどうですか。
9 B: 추울 것 같습니다.	B：寒そうですね。
10 B: 비가 내릴 것 같습니다.	B：雨が降りそうですね。
11 B: 금방이라도 나무가 쓰러질 것 같습니다.	B：今にも木が倒れそうですね。

148쪽 **술술 연습**

1 B: 행복할 것 같은 가족입니다. B：幸せそうな家族です。

B: 행복하지 않을 것 같은 가족입니다. B：幸せじゃなさそうな家族です。

2 B: 재미있을 것 같은 책입니다. B：おもしろそうな本です。

B: 재미있지 않을 것 같은 책입니다. B：おもしろくなさそうな本です。

3 B: 머리가 좋을 것 같은 학생입니다. B：頭がよさそうな学生です。

B: 머리가 좋지 않을 것 같은 학생입니다. B：頭がよくなさそうな学生です。

4 B: 눈이 내릴 것 같은 날입니다. B：雪が降りそうな日です。

B: 눈이 내리지 않을 것 같은 날입니다. B：雪が降らなさそうな日です。

149쪽 **친구와 술술**

[자유 작문]

❶ B: 재밌을 것 같아요. B：おもしろそうですね。

B: 행복한 것 같아요. B：幸せそうですね。

❷ B: 힘들 것 같아요. B：大変そうですね。

B: 무거울 것 같아요. B：重そうですね。

❸ B: 비쌀 것 같아요. B：高そうですね。

B: 따뜻할 것 같아요. B：あたたかそうですね。

❹ B: 졸린 것 같아요. B：眠そうですね。

B: 한가한 것 같아요. B：暇そうですね。

28과 チェジュと言う所に引っ越す人です。 제주라는 곳에 이사할 사람입니다.

158쪽 **카루가루 연습 1**

1

기본형 + 명사	미래	현재	과거
하다 + 사람 する + 人	할 사람 する人	하고 있는 사람 している人	한 사람 した人

기본형 + 명사	미래	현재	과거
먹다 + 요리 た　りょうり 食べる + 料理	먹을 요리 た　りょうり 食べる 料理	먹고 있는 요리 た　りょうり 食べている 料理	먹은 요리 た　りょうり 食べた 料理
보다 + 영화 み　えいが 見る + 映画	볼 영화 み　えいが 見る映画	보고 있는 영화 み　えいが 見ている映画	본 영화 み　えいが 見た映画
만나다 + 때 あ　とき 会う + 時	만날 때 あ　とき 会う時	만나고 있을 때 あ　とき 会っている時	만났을 때 あ　とき 会った時
만들다 + 요리 つく　りょうり 作る + 料理	만들 요리 つく　りょうり 作る 料理	만들고 있는 요리 つく　りょうり 作っている 料理	만든 요리 つく　りょうり 作った 料理
이사하다 + 친구 ひ　こ　ともだち 引っ越す + 友達	이사할 친구 ひ　こ　ともだち 引っ越す友達	이사하고 있는 친구 ひ　こ　ともだち 引っ越している友達	이사한 친구 ひ　こ　ともだち 引っ越した友達
살다 + 곳 す　ところ 住む + 所	살 곳 す　ところ 住む 所	살고 있는 곳 す　ところ 住んでいる 所	산 곳 す　ところ 住んだ 所
걷다 + 때 ある　とき 歩く + 時	걸을 때 ある　とき 歩く時	걷고 있을 때 ある　とき 歩いている時	걸었을 때 ある　とき 歩いた時

2

기본형 + 명사	미래	과거
하다 + 사람 ひと する + 人	안 할 사람 ひと しない人	안 한 사람 ひと しなかった人
먹다 + 요리 た　りょうり 食べる + 料理	안 먹을 요리 た　りょうり 食べない 料理	안 먹은 요리 た　りょうり 食べなかった 料理
보다 + 영화 み　えいが 見る + 映画	안 볼 영화 み　えいが 見ない映画	안 본 영화 み　えいが 見なかった映画
만나다 + 때 あ　とき 会う + 時	안 만날 때 あ　とき 会わない時	안 만났을 때 あ　とき 会わなかった時

기본형 + 명사	미래	과거
만들다 + 요리 作る + 料理	안 만들 요리 作らない料理	안 만든 요리 作らなかった料理
이사하다 + 친구 引っ越す + 友達	이사 안 할 친구 引っ越さない友達	이사 안 한 친구 引っ越さなかった友達
살다 + 곳 住む + 所	살지 않을 곳 住まない所	살지 않은 곳 住まなかった所
걷다 + 때 歩く + 時	걷지 않을 때 歩かない時	걷지 않았을 때 歩かなかった時

160쪽 **카루가루 연습 2**

1 今日会う人は日本語の先生です。

2 昨日もらったプレゼントはかわいかったです。

3 今日食べる料理は日本人がよく食べる料理です。

4 日本に行った友達はまじめな友達です。

5 あそこで歌を歌っている人が三木さんです。

6 三木さんが作ったケーキは美味しくなかったです。

7 私が持って行く本を話してください。

161쪽 **카루가루 연습 2**

예 정답 ▶▶▶ ❷ 후드 티

1 A: '씨-치킨'이라는 음식을 알고 있습니까? A：シーチキンと言う食べ物を知っていますか。

B: 네, 알고 있습니다. / 아니요, 모릅니다. B：はい、知っています。/ いいえ、知りません。

A: '씨-치킨'은 몇 번입니까? A：シーチキンは何番ですか。

정답 ▶▶▶ ❹ 참치 통조림

2 A: '츠카이스테'라는 단어를 알고 있습니까? A：使い捨てと言う単語を知っていますか。

B: 네, 알고 있습니다. / 아니요, 모릅니다. B：はい、知っています。/ いいえ、知りません。

A: '츠카이스테'는 몇 번입니까? A：使い捨ては何番ですか。

정답 ▶▶▶ ❸ 일회용품

3	A: '야오야'라는 곳을 알고 있습니까?	A：八百屋と言う所を知っていますか。
	B: 네, 알고 있습니다. / 아니요, 모릅니다.	B：はい、知っています。/ いいえ、知りません。
	A: '야오야'는 몇 번입니까?	A：八百屋は何番ですか。
	정답 ▶▶▶ ❷ 채소 가게	

162쪽 **술술 연습**

1	A: 밤에 잘 때는 어떤 인사를 합니까?	A：夜、寝る時はどんなあいさつをしますか。
	B: 안녕히 주무세요.	B：おやすみなさい。
2	A: 사과할 때는 어떤 인사를 합니까?	A：あやまる時はどんなあいさつをしますか。
	B: 미안합니다.	B：ごめんなさい。
3	A: 외출할 때는 어떤 인사를 합니까?	A：出かける時はどんなあいさつをしますか。
	B: 다녀오겠습니다.	B：いってきます。
4	A: 가족이 집을 나갈 때는 어떤 인사를 합니까?	A：家族が家を出る時はどんなあいさつをしますか。
	B: 잘 다녀오세요.	B：いってらっしゃい。
5	A: 헤어질 때는 어떤 인사를 합니까?	A：別れる時はどんなあいさつをしますか。
	B: 잘 가요.	B：さよ(う)なら。
6	A: 선물을 받았을 때는 어떤 인사를 합니까?	
	A：プレゼントをもらった時はどんなあいさつをしますか。	
	B: 감사합니다.	B：ありがとうございます。
7	A: 집에 돌아왔을 때는 어떤 인사를 합니까?	A：家に帰って来た時はどんなあいさつをしますか。
	B: 다녀왔습니다.	B：ただいま。

163쪽 **친구와 술술**

[자유 작문]

Q2	빈대떡이라는 요리는 뭔가요?	ビンデトックと言う料理は何ですか。
	이건 마치 일본의 오코노미야끼 같아요.	これはまるで日本のお好み焼きのようです。
	이건 한국의 피자예요.	これは韓国のピザです。
	이건 비가 오는 날에 자주 먹는 요리예요.	これは雨の日によく食べる料理です。
Q3	참외라는 과일은 뭔가요?	チャメと言う果物は何ですか。
	겉모습은 마치 큰 레몬 같아요.	見た目はまるで大きいレモンのようです。

맛은 마치 멜론과 오이 같아요. 味(あじ)はまるでメロンとキュウリのようです。

이건 한국만의 과일이에요. これは韓国(かんこく)だけの果物(くだもの)です。

이건 여름 과일이에요. これは夏(なつ)の果物(くだもの)です。

29과 宝(たから)くじに当(あ)たったら、仕事(しごと)を辞(や)めますか。 복권에 당첨된다면, 일을 그만둘 겁니까?

172쪽 **카루가루 연습 2**

1 A: 노래를 잘합니까? A：歌(うた)が上手(じょうず)ですか。

B: 네, 잘한다(라)고 생각합니다. B：はい、上手(じょうず)だと思(おも)います。

아니요, 잘하지 않는다(라)고 생각합니다. いいえ、上手(じょうず)じゃないと思(おも)います。

2 A: 젊습니까? A：若(わか)いですか。

B: 네, 젊다(라)고 생각합니다. B：はい、若(わか)いと思(おも)います。

아니요, 젊지 않다(라)고 생각합니다. いいえ、若(わか)くないと思(おも)います。

3 A: 인기가 있습니까? A：人気(にんき)がありますか。

B: 네, 있다(라)고 생각합니다. B：はい、あると思(おも)います。

아니요, 없다(라)고 생각합니다. いいえ、ないと思(おも)います。

4 A: 한국에서의 콘서트였습니까? A：韓国(かんこく)でのコンサートでしたか。

B: 네, 한국에서의 콘서트였다(라)고 생각합니다. B：はい、韓国(かんこく)でのコンサートだったと思(おも)います。

아니요, 한국에서의 콘서트가 아니었다(라)고 생각합니다.

いいえ、韓国(かんこく)でのコンサートじゃなかったと思(おも)います。

5 A: 어제도 기타 연습을 했습니까? A：昨日(きのう)もギターの練習(れんしゅう)をしましたか。

B: 네, 했다(라)고 생각합니다. B：はい、したと思(おも)います。

아니요, 하지 않았다(라)고 생각합니다. いいえ、しなかったと思(おも)います。

173쪽 **카루가루 연습 2**

1 A: 일주일간 쉬는 날이라면 어떻게 하겠습니까? A：一週間休みだったら、どうしますか。

B: 일주일간 쉬는 날이라면, 계속 자겠습니다. B：一週間休みだったら、ずっと寝ます。

2 A: 그림을 잘 그린다면 어떻게 하겠습니까? A：絵が上手だったら、どうしますか。

B: 그림을 잘 그린다면, 만화를 그리겠습니다. B：絵が上手だったら、まんがを描きます。

3 A: 10년 젊다면 어떻게 하겠습니까? A：１０年若かったら、どうしますか。

B: 10년 젊다면, 에베레스트에 도전하겠습니다. B：１０年若かったら、エベレストに挑戦します。

4 A: 외국에서 길을 헤맨다면 어떻게 하겠습니까? A：外国で道に迷ったら、どうしますか。

B: 외국에서 길을 헤맨다면, 사람들에게 길을 물어보겠습니다.

B：外国で道に迷ったら、人に道を聞きます。

174쪽 **술술 연습**

1 B1: 복권에 당첨된다면, 유럽여행을 가겠습니다.

B1：宝くじに当たったら、ヨロッパ旅行に行きます。

B2: 복권에 당첨되어도, 유럽여행을 가지 않겠습니다.

B2：宝くじに当たっても、ヨロッパ旅行に行きません。

2 B1: 복권에 당첨된다면, 자기 사업을 시작하겠습니다.

B1：宝くじに当たったら、自分のビジネスを始めます。

B2: 복권에 당첨되어도, 자기 사업을 시작하지 않겠습니다.

B2：宝くじに当たっても、自分のビジネスを始めません。

3 B1: 복권에 당첨된다면, 일본 맨션을 사겠습니다.

B1：宝くじに当たったら、日本のマンションを買います。

B2: 복권에 당첨되어도, 일본 맨션을 사지 않겠습니다.

B2：宝くじに当たっても、日本のマンションを買いません。

4 B1: 복권에 당첨된다면, 저금을 하겠습니다.

B1：宝くじに当たったら、貯金をします。

B2: 복권에 당첨되어도, 저금을 하지 않겠습니다.

B2：宝くじに当たっても、貯金をしません。

175쪽 **친구와 술술**

[예시 답안]

❶ 카페 vs. 빵집 — A: 카페와 빵집과 어느 쪽이 생기면, 기쁠 거라고 생각해요?

カフェ vs. パン屋(や) — A：カフェとパン屋(や)とどちらができたら、嬉(うれ)しいと思(おも)いますか。

카페 〉빵집 — B: 카페가 생기면, 기쁠 거라고 생각해요.

カフェ〉パン屋(や) — B：カフェ(の方(ほう))ができたら、嬉(うれ)しいと思(おも)います。

❷ 정육점 vs. 과일 가게 — A: 정육점과 과일 가게와 어느 쪽이 생기면, 기쁠 거라고 생각해요?

肉屋(にくや) vs. 果物屋(くだものや) — A：肉屋(にくや)と果物屋(くだものや)とどちらができたら、嬉(うれ)しいと思(おも)いますか。

정육점〉과일 가게 — B: 정육점이 생기면, 기쁠 거라고 생각해요.

肉屋(にくや)〉果物屋(くだものや) — B：肉屋(にくや)(の方(ほう))ができたら、嬉(うれ)しいと思(おも)います。

❸ 서점 vs. 꽃집 — A: 서점과 꽃집과 어느 쪽이 생기면, 기쁠 거라고 생각해요?

本屋(ほんや) vs. 花屋(はなや) — A：本屋(ほんや)と花屋(はなや)とどちらができたら、嬉(うれ)しいと思(おも)いますか。

서점 〉꽃집 — B: 서점이 생기면, 기쁠 거라고 생각해요.

本屋(ほんや)〉花屋(はなや) — B：本屋(ほんや)(の方(ほう))ができたら、嬉(うれ)しいと思(おも)います。

❹ 병원 vs. 약국(드럭스토어) — A: 병원과 약국과 어느 쪽이 생기면, 기쁠 거라고 생각해요?

病院(びょういん) vs. ドラックストア — A：病院(びょういん)とドラックストアとどちらができたら、嬉(うれ)しいと思(おも)いますか。

병원〉약국(드럭스토어) — B: 병원이 생기면, 기쁠 거라고 생각해요.

病院(びょういん)〉ドラックストア — B：病院(びょういん)(の方(ほう))ができたら、嬉(うれ)しいと思(おも)います。

30과 冬休(ふゆやす)みは何(なに)をしようと思(おも)いますか。 겨울 방학은 무엇을 하려고 합니까?

183쪽 **카루가루 연습 1**

1	오자/와야지	来(こ)よう	오려고 합니다	来(こ)ようと思(おも)います
2	자자/자야지	寝(ね)よう	자려고 합니다	寝(ね)ようと思(おも)います
	보자/봐야지	見(み)よう	보려고 합니다	見(み)ようと思(おも)います
	걸자/걸어야지	かけよう	걸려고 합니다	かけようと思(おも)います
3	기다리자/기다려야지	待(ま)とう	기다리려고 합니다	待(ま)とうと思(おも)います
	마시자/마셔야지	飲(の)もう	마시려고 합니다	飲(の)もうと思(おも)います

	놀자/놀아야지	遊(あそ)ぼう	놀려고 합니다	遊(あそ)ぼうと思(おも)います
	이야기하자/이야기해야지	話(はな)そう	이야기하려고 합니다	話(はな)そうと思(おも)います
	묵자/묵어야지	泊(と)まろう	묵으려고 합니다	泊(と)まろうと思(おも)います
	자르자/잘라야지	切(き)ろう	자르려고 합니다	切(き)ろうと思(おも)います
	사자/사야지	買(か)おう	사려고 합니다	買(か)おうと思(おも)います
	사용하자/사용해야지	使(つか)おう	사용하려고 합니다	使(つか)おうと思(おも)います
4	빠르게/빨리	速(はや)く		
	늦게	遅(おそ)く		
	길게	長(なが)く		
5	빠르게 씁니다.	速(はや)く書(か)きます。		
	늦게 씁니다.	遅(おそ)く書(か)きます。		
	길게 씁니다.	長(なが)く書(か)きます。		
6	간단하게/간단히	簡単(かんたん)に		
	성실하게/성실히	まじめに		
	친절하게/친절히	親切(しんせつ)に		
7	간단하게 말해 주세요.	簡単(かんたん)に話(はな)してください。		
	성실히(진지하게) 말해 주세요.	まじめに話(はな)してください。		
	친절히 말해 주세요.	親切(しんせつ)に話(はな)してください。		

185쪽 **카루가루 연습 2**

1	A: 항상 지각이네요.	A：いつも遅刻(ちこく)ですね。
	B: 그렇네요.	B：そうですね。
	내일부터는 빨리 일어나려고 합니다.	明日(あした)からは早(はや)く起(お)きようと思(おも)います。
2	A: 글씨가 작네요.	A：字(じ)が小(ちい)さいですね。
	B: 그렇네요. 이제부터 크게 쓰려고 합니다.	B：そうですね。これから大(おお)きく書(か)こうと思(おも)います。
3	A: 방이 더럽네요.	A：部屋(へや)がきたないですね。
	B: 그렇네요. 깨끗하게 청소를 하려고 합니다.	B：そうですね。きれいに掃除(そうじ)をしようと思(おも)います。
4	A: 아이가 낮잠 중이네요.	A：子供(こども)が昼寝(ひるね)中(ちゅう)ですね。
	B: 그렇네요. 옆에서 조용히 놀려고 합니다.	B：そうですね。隣(となり)で静(しず)かに遊(あそ)ぼうと思(おも)います。
5	A: 이 접시는 비쌀 것 같네요.	A：このお皿(さら)は高(たか)そうですね。
	B: 그렇네요. 소중히 사용하려고 합니다.	B：そうですね。大切(たいせつ)に使(つか)おうと思(おも)います。

186쪽 **술술 연습**

1 A: 언제 봉사하러 갈 (예정/생각)입니까? A：いつボランティアに行く(予定/つもり)ですか。
B: 1월 14일에 갈 (예정/생각)입니다. B：１月１４日に行く(予定/つもり)です。
⇒ 구체적인 날짜가 정해졌으므로 予定

2 A: 무엇으로 갈 (예정/생각)입니까? A：何で行く(予定/つもり)ですか。
B: 비행기로 갈 (예정/생각)입니다. B：飛行機で行く(予定/つもり)です。
⇒ 구체적인 교통수단을 예매했으므로 予定

3 A: 어디에 묵을 (예정/생각)입니까? A：どこに泊まる(予定/つもり)ですか。
B: 게스트하우스에 묵을 (예정/생각)입니다. B：ゲストハウスに泊まる(予定/つもり)です。
⇒ 구체적인 장소가 정해졌으므로 予定

4 A: 무엇을 할 (예정/생각)입니까? A：何をする(予定/つもり)ですか。
B: 아이들과 즐겁게 놀 (예정/생각)입니다. B：子供達と楽しく遊ぶ(予定/つもり)です。
⇒ 하기로 정했지만, 구체적인 놀 장소나 시간이 정해지지 않았으므로 つもり

5 A: 그 외에는 무엇을 할 (예정/생각)입니까? A：他には何をする(予定/つもり)ですか。
B: 아이들과 함께 사진을 찍을 (예정/생각)입니다. B：子供達と一緒に写真を撮る(予定/つもり)です。
⇒ 하기로 정했지만, 구체적인 사진 찍을 장소나 시간이 정해지지 않았으므로로 つもり

31과 どんどんできるようになりました。 척척 할 수 있게 되었습니다.

195쪽 **카루가루 연습 1**

1	올 수 있니?	来られる？	올 수 있습니까?	来られますか
2	입을 수 있니?	着られる？	입을 수 있습니까?	着られますか
	잊을 수 있니?	忘れられる？	잊을 수 있습니까?	忘れられますか
3	수영할 수 있니?	泳げる？	수영할 수 있습니까?	泳げますか
	기다릴 수 있니?	待てる？	기다릴 수 있습니까?	待てますか
	마실 수 있니?	飲める？	마실 수 있습니까?	飲めますか
	고를 수 있니?	選べる？	고를 수 있습니까?	選べますか
	이야기할 수 있니?	話せる？	이야기할 수 있습니까?	話せますか
	돌아갈 수 있니?	帰れる？	돌아갈 수 있습니까?	帰れますか

살 수 있니?	買(か)える?	살 수 있습니까?	買(か)えますか
받을 수 있니?	もらえる?	받을 수 있습니까?	もらえますか

196쪽 **카루가루 연습 2**

1	A: 혼자서 움직일 수 있습니까?	A：一人(ひとり)で動(うご)けますか。
	B1: 네, 혼자서 움직일 수 있습니다.	B1：はい、一人(ひとり)で動(うご)けます。
	B2: 아니요, 혼자서 움직일 수 없습니다.	B2：いいえ、一人(ひとり)で動(うご)けません。
2	A: 창문을 열 수 있습니까?	A：窓(まど)が開(あ)けられますか。
	B1: 네, 창문을 열 수 있습니다.	B1：はい、窓(まど)が開(あ)けられます。
	B2: 아니요, 창문을 열 수 없습니다.	B2：いいえ、窓(まど)が開(あ)けられません。
3	A: 옷을 버릴 수 있습니까?	A：服(ふく)が捨(す)てられますか。
	B1: 네, 옷을 버릴 수 있습니다.	B1：はい、服(ふく)が捨(す)てられます。
	B2: 아니요, 옷을 버릴 수 없습니다.	B2：いいえ、服(ふく)が捨(す)てられません。
4	A: 바다에서 수영할 수 있습니까?	A：海(うみ)で泳(およ)げますか。
	B1: 네, 바다에서 수영할 수 있습니다.	B1：はい、海(うみ)で泳(およ)げます。
	B2: 아니요, 바다에서 수영할 수 없습니다.	B2：いいえ、海(うみ)で泳(およ)げません。
5	A: 100만 엔을 받을 수 있습니까?	A：100万円(まんえん)がもらえますか。
	B1: 네, 100만 엔을 받을 수 있습니다.	B1：はい、100万円(まんえん)がもらえます。
	B2: 아니요, 100만 엔을 받을 수 없습니다.	B2：いいえ、100万円(まんえん)がもらえません。

197쪽 **카루가루 연습 2**

1	A: 잘 들리도록 어떻게 합니까?	A：よく聞(き)こえるようにどうしますか。
	B: 잘 들리도록 소리를 크게 합니다.	B：よく聞(き)こえるように音(おと)を大(おお)きくします。
2	A: 합격하도록 어떻게 합니까?	A：合格(ごうかく)するようにどうしますか。
	B: 합격하도록 기도를 합니다.	B：合格(ごうかく)するようにお祈(いの)りをします。
3	A: 감기에 걸리지 않도록 어떻게 합니까?	A：風邪(かぜ)を引(ひ)かないようにどうしますか。
	B: 감기에 걸리지 않도록 가글을 합니다.	B：風邪(かぜ)を引(ひ)かないようにうがいをします。
4	A: 약속을 잊지 않도록 어떻게 합니까?	A：約束(やくそく)を忘(わす)れないようにどうしますか。
	B: 약속을 잊지 않도록 메모를 합니다.	B：約束(やくそく)を忘(わす)れないようにメモをします。

198쪽 **술술 연습**

1 전에는 골프 를(을) 못 했지만, 지금은 할 수 있게 되었습니다.

前(まえ)は ゴルフ ができませんでしたが、今(いま)はできるようになりました。

일본어 인사	日本語(にほんご)のあいさつ
요리	料理(りょうり)
나쁜 말(욕)	悪口(わるぐち)
노래	歌(うた)
저금	貯金(ちょきん)
춤	踊(おど)り

2 어렸을 때는 피망 을(를) 못 먹었지만, 지금은 먹을 수 있게 되었습니다.

子供(こども)の時(とき)は ピーマン が食(た)べられませんでしたが、今(いま)は食(た)べられるようになりました。

버섯	きのこ
고수	パクチー
당근	にんじん
양파	たまねぎ
가지	なす
콩	まめ
시금치	ほうれんそう

199쪽 **친구와 술술**

❶ 쌀로 하겠습니다.
お米(こめ)にします。

❷ 고기로 하겠습니다.
お肉(にく)にします。

❸ 채소로 하겠습니다.
野菜(やさい)にします。

❹ 약으로 하겠습니다.
薬(くすり)にします。

32과 もうすっかり冬(ふゆ)になりましたね。 이제 완전히 겨울이 되었네요.

208쪽 **카루가루 연습 2**

1 추워졌습니다. 寒(さむ)くなりました。

2 스키가 즐거워졌습니다. スキーが楽(たの)しくなりました。

3 전보다 스키를 잘하게 되었습니다. 前(まえ)よりスキーが上手(じょうず)になりました。

4 스키를 아주 좋아하게 되었습니다. スキーが大好(だいす)きになりました。

5 일이 바빠졌습니다. 仕事(しごと)が忙(いそが)しくなりました。

6 머리가 아파졌습니다. 頭(あたま)が痛(いた)くなりました。

7 몸 상태가 나빠졌습니다. 体(からだ)の調子(ちょうし)が悪(わる)くなりました。

8 걱정이 되었습니다. 心配(しんぱい)になりました。

9 몸 상태가 좋아졌습니다. 体(からだ)の調子(ちょうし)がよくなりました。

209쪽 **카루가루 연습 2**

1 A: 여름이 되면, 어떻게 됩니까? A：夏(なつ)になると、どうなりますか。

B: 여름이 되면, 더워집니다. B：夏(なつ)になると、暑(あつ)くなります。

B: 여름이 되면, 수영장에 가고 싶어집니다. B：夏(なつ)になると、プールに行(い)きたくなります。

B: 여름이 되면, 수박을 먹고 싶어집니다. B：夏(なつ)になると、すいかが食(た)べたくなります。

2 A: 가을이 되면, 어떻게 됩니까? A：秋(あき)になると、どうなりますか。

B: 가을이 되면, 단풍이 예뻐집니다. B：秋(あき)になると、紅葉(こうよう)がきれいになります。

3 A: 겨울이 되면, 어떻게 됩니까? A：冬(ふゆ)になると、どうなりますか。

B: 겨울이 되면, 추워집니다. B：冬(ふゆ)になると、寒(さむ)くなります。

B: 겨울이 되면, 눈이 내립니다. B：冬(ふゆ)になると、雪(ゆき)が降(ふ)ります。

210쪽 **술술 연습**

1 B: 시장에 가면, 스트레스 해소가 됩니다.

B：市場(いちば)に行(い)くと、ストレス解消(かいしょう)になります。

2 B: 축구시합을 보면, 스트레스 해소가 됩니다.

B：サッカーの試合(しあい)を見(み)ると、ストレス解消(かいしょう)になります。

3 B: 산에 오르면, 스트레스 해소가 됩니다.

B：山に登ると、ストレス解消になります。

4 B: 좋아하는 물건을 사면, 스트레스 해소가 됩니다.

B：好きな物を買うと、ストレス解消になります。

5 B: 친구와 수다를 떨면, 스트레스 해소가 됩니다.

B：友達とおしゃべりをすると、ストレス解消になります。

メモ